KB013296

어차피 일할 거라면

원하는 일
할게요

어차피 일할 거라면

원하는 일
할게요

내 삶과 일의 방향을
확립해나가는
자기발견 갭이어 프로젝트

앤가은 지음

미래의창

prologue

"대체 넌 뭘 하고 싶은 건데?"

점심시간, 돌연 4년간 다녔던 광고 회사를 퇴사하
겠다는 나에게 동료가 답답하다는 듯 식판을 세게 내
려놓으며 물었다. 그도 그럴 것이 나는 이제 막 미디어
플래닝팀에서 캠페인 제작팀으로 팀을 옮긴 지 고작
8개월을 지나던 차였다. 브랜드의 미디어 전략을 짜던
사람이 광고 크리에이티브 기획을 하기까지, 그리고
쟁쟁한 이들로 가득한 광고 회사에서 팀 이동의 기회

어차피 일할 거라면 원하는 일 할게요

를 얻기까지, 수많은 고민과 시도를 거쳐왔던 과정을 잘 아는 동료들은 대부분 의아한 표정을 지었다.

무엇보다 모두가 뜯어말린다는 그 무시무시한 '넥스트 없는 퇴사'였다. 중간 리더, 본부장님, 부사장님, 대표님까지 순차적으로 이어진 퇴사 면담에서 "무계획이 계획입니다" 같은 되지도 않는 소리가 한 번에 통할 리 없었다. 정말 이직처를 구하지 않고 떠나는 건지, 정확히 어떤 사유로, 무슨 심경의 변화로 퇴사를 하는 건지, 앞으로의 계획은 어떻게 되는지 등등 질문 공세가 쏟아졌다. 감사하게도 내 곁에는 이토록 무모하게 떠나는 팀원의 밥벌이와 커리어를 걱정해주는 좋은 어른들이 많았다.

그들에게 최대한 있어 보이는 대답을 뱉고 싶었지만, 나의 퇴사 사유에는 거창함도, 계획도, 멋짐도 없었다.

"하고 싶은 일이 분명히 있는 것 같은데, 그게 뭔지 잘 몰라서 찾아보려고요."

속으로는 망했다고 생각했다. '퇴사를 하고도 하고 싶은 일을 찾지 못하면 어떡하지?' 하는 불안감이 넘실거렸다. 퇴사를 고민하던 시점에는 퇴근길마다 매일 엄마와 친구에게 전화를 걸었다. 나도 내가 무슨 일을 하고 싶은지 모르겠다며 애처럼 엉엉댔다. 대체 무슨 대단한 일을 하겠다고 이토록 갈망하며 고통스러워하는 걸까. 돌아보면 이 고민은 해를 거듭할 때마다 나를 괴롭혔다. 회사에서 좋은 성과를 내고, 상사에게 칭찬을 받는 순간들로 잠시 유예해뒀을 뿐이었다. 이렇게 답답해서 눈물이 나는 순간에도, 나의 선택에는 흔들림이 없었다. "원래 잘하는 일로 돈 벌고, 하고 싶은 일은 취미로 하는 거래"라는 말의 유효기간이 끝났다는 신호였다.

핀테크 스타트업 마케터로 사회에 첫발을 뗀 후, 5년 반 동안 쉬지 않고 일을 했다. 내가 원하고, 잘하고, 성장하고 있다 확신했던 일을 좇아가며 때마다 전공도, 직무도, 회사도 바꿨다. 다양한 경험을 하며 빠르게 성장했다고 생각했지만, 문득 고개를 들었을 때

발견한 것은 방향도 모른 채 어디론가 정신없이 달리고 있는 내 모습이었다. 이 일을 지금처럼 열심히 하다 보면, 몇 년 뒤엔 원하는 내가 되어있는 건지, 이 일을 통해 궁극적으로 내가 이루고 싶은 건 무엇인지, 그래서 나는 결국 뭐가 되고 싶은 건지, 어떤 삶을 꿈꾸는지, 어떻게 살아가고 싶은지……. 이 많은 질문들에 나다운 대답을 해내려면 무엇보다 나를 알아가는 시간이 절실히 필요했다.

그해 4월, 그렇게 정말 무계획이 계획인 퇴사를 감행했다. 천천히 나를 향해 걸어보기로 했다. 자신을 탐험하기 위해 기꺼이 모험가가 되는 것이 쉬운 일은 아니었다. 지금처럼 갭이어gap year*라는 단어가 통용되거나 이런 케이스가 흔한 시기도 아니었다. 어떤 로드맵

＊ 주로 학업을 잠시 중단하고 자신이 하고 싶은 일을 하면서 흥미와 적성을 찾아가는 기간을 뜻한다. 서구권의 여러 나라들은 고등학교를 졸업하면 바로 대학에 진학하지 않고 일정 기간 다양한 경험을 쌓는 갭이어를 갖는데, 이 기간에는 봉사, 여행 등 다양한 활동을 경험하며 앞으로의 자신의 진로를 설정한다. 갭이어는 꼭 학생에게만 적용되는 개념은 아니다. 직장인들이 퇴사 후 재충전의 시간을 가지며 스스로의 커리어를 정비하고 가치관 및 삶에 대한 태도에 집중하는 기간 역시 하나의 갭이어로 볼 수 있다.

없이 안개가 가득 낀 길을 걸어 들어가는 것은 매번 두려웠다. 답답해서 바닥을 데굴데굴 구르던 날도 있었다. 그렇다고 이대로 돌아갈 순 없어서 미친 듯이 뛰었다. 나 자신을 알 수 있는 경험과 방법이라면 수단을 가리지 않고 뛰어들었다.

원하던 분야의 사이드 프로젝트, 새로운 콘텐츠 창작, 다양한 외주 작업 의뢰, 네트워크의 확장과 연결, 셀프 프로듀싱, 몇십 가지나 되는 자기발견 방법들의 강연을 듣고 직접 실행하는 것까지. 무수히 많은 고민으로 맞이하던 새벽이 지나자 점차 새로운 세상이 열렸다. 전에는 알지 못했던 삶의 다양한 레퍼런스를 찾았으며, 그간 나조차도 몰랐던 나 자신에 대해서도 깊이 알게 됐다. 자신을 마주하는 과정은 고통스러웠지만 희열이 있었고, 내가 그토록 원하고 되고 싶었던 것이 무엇이었는지 선명히 알게 해줬다.

나를 향해 달리기 시작한 8개월간의 갭이어가 끝난 뒤, 드디어 나를 괴롭혔던 삶의 질문들에 답을 할 수 있었다. 내가 찾은 답은 '그냥 자신이 되어가면 된다'

는 것. 남이 세워둔 목표가 내 것인 양 달렸던 과거를 뒤로하고, 되고 싶은 나는 어떤 사람인지, 어떤 모양의 삶을 살고 싶은지 그린 후 그대로 걸어가면 되는 것이었다. 갭이어를 마치던 시점에, 나는 그렇게 새로운 일과 삶의 방향성을 찾았다. 현재는 원하는 방향을 향해 새로운 업계에서 다시 달리고 있는 중이다. 단순히 돈을 벌고, 좋아하는 일을 한다는 것을 넘어서서, 이 일이 원하는 내가 되어가는 과정이라는 확신과 함께.

모두에게 갭이어를 가지라는 얘기를 하고 싶은 것은 아니다. 나처럼 일과 삶의 방향을 잃거나 헤매고 있는 사람이 있다면, 특히 그들이 자신이 원하는 일을 업으로 삼고 싶은 사람이라면, 나보다는 조금 덜 아프고 조금 더 빠르게 자신만의 길을 찾을 수 있도록 도와주고 싶어서 이 책을 썼다. 어디에서 무슨 일을 하든, 자신이 원해서 선택한 길 위를 당당하게 걸어가고 있길 바라며. 끝내 자신을 향해 가고 있길 바라며.

2023년 12월, 앤가은

3장
되고 싶은 나를
만나는 툴킷

1 $\longrightarrow$

초년이여,
오늘도 일터로

누군가가 보기엔 시니어고, 누군가가 보이엔 주니어인 사회 데뷔 8년 차가 됐다. 핀테크 회사의 마케터, 광고 회사의 미디어 플래너, 광고 크리에이티브 기획자, 프리랜서 크리에이터, 엔터사의 콘텐츠 마케터, IT사의 콘텐츠 기획자까지……. 지금껏 내가 걸어온 발자취들의 함축된 타이틀만 나열하면 꽤 짬이 찬 사람 같겠지만, 여전히 나는 오늘도 사랑하는 일 앞에 무너지고 일어서며 지내는 중이다. 물론 난감한 과제나 시련이 닥쳤을 때 전보다는 덜 아프고, 더 빠른 해결책을 찾아낼 수 있게 됐지만.

누구나 그렇듯 나도 작은 일에 폭풍같이 흔들리던 초년 시절이 있었다. 국토교통부에서 주관하는 행복주택의 입주 자격 중 사회초년생의 기준은 60개월까지다. 즉, 사회에 진출하고 나서 만 5년 차까지를 초년생으로 본다는 거다. 저 기준에 따르면 나는 사회초년생 딱지를 뗀 지 이제막 3년이 된 노동자다. 다들 회사에 첫 출근하던 날을 기억하는지 모르겠다. 약간은 설레고 두근거리던 그 순간들. 취뽀에 성공했다는 기쁨과 어떤 일이 와도 마다하지 않겠다는 용기 가득한 마음들. 이제는 신나게 일하며 즐겁게 돈 벌 일만 남은 것 같은 허무맹랑한 상상까지.

나 역시 그랬다. 하지만 이 달콤한 기대는 일과 사회의

쓴맛을 경험하며 빠르게 사라졌고 이내 현실감을 되찾았다. 사회인이 되어 일을 배우고 성장한다는 기쁨도 잠시, 어느 정도 일이 손에 익자 권태로움이 몰려왔다. 하고 싶은 또 다른 일이 자꾸만 생겨났다. "돈은 잘하는 일로 벌어야 한다"는 어른들의 말을 들어야지 다짐했지만, 권태는 나의 온몸을 짓눌렀다. 이를 이겨내지 못하고 고통스럽게 출근하던 날에는 모든 사람에게 괜한 질투심이 생겼다. 내 옆자리 저 마케터는 재밌게만 일하는 것 같은데, 앞자리 팀장님은 평온한 것 같은데 왜 나만 이토록 고통받는지 의아했다. 대학 때 이미 전공도 한 번 바꿨는데. 꿈도 바꿨는데. 드디어 원하는 길을 찾았다고 생각했는데……. 내 안의 자아가 계속해서 변덕을 부렸다.

주위의 만류에도 불구하고 나는 매번 마음의 소리를 따랐다. 스타트업과 광고 회사, 프리랜서와 백수 사이, 엔터사와 콘텐츠 플랫폼사를 종횡무진하며 업계와 직무, 그리고 일의 형태를 바꿔가며 일해왔다. 그러다 보니 어느샌가 근육이 붙었다. 달리던 일을 멈추는 것도, 자리에 엎어져 우는 것도, 새로 일어서는 것도, 다시 나아가는 것도, 누구보다 나의 얘기에 귀 기울이는 것에도 모두 근육이 생길 시간이 필요했다는 걸 이제는 알게 됐다. 그렇게 점점 내

어차피 일할 거라면 원하는 일 할게요

가 가장 재밌어하는 것들로 제법 단단한 일의 세계를 만들어가는 중이다.

여전히 일을 할 때 찾아오는 번뇌와 고민들이 있지만, 이제는 예전만큼 휘청거리지 않는다. 나의 찌질하고 눈물겹던 초년의 시기들을 지나, 스스로 꾸린 홈오피스 작업실에서, 촬영장에서, 새로 지은 멋진 회사 사옥에서 좋아하는 일을 하며 파도에 올라타 여러 파동을 즐기고 있다. 나와 비슷한 누군가가 지금의 나를 보면 저 사람은 왜 혼자 재밌게 일하냐며 질투할지도 모른다는 생각도 든다.

하지만, 모두의 초년이 그렇듯 나의 초년도 아주 힘들었고 우울했고 슬펐다. 변덕스러운 스스로를 데리고 일하느라 고생 참 많이 했다. 더 미화되거나 잊혀버리기 전에 찌질하고 어색하고 서툴던 초년의 페이지를 기록해본다. 누군가의 초년에 약간의 웃음과 공감, 혹은 위로를 첨가해줄 수 있길 바라며.

"초년이여, 오늘도 일터로."

***** *****

안녕하세요,
0년 차입니다만

지금으로부터 8년 전, 막 회사 생활을 시작할 때 있던 일이다. 나는 대학을 졸업하자마자 IT 스타트업 마케팅실에서 일을 시작했다. 졸업 당시의 나는 지금보다 심하게 발랄했고, 아주 솔직했으며, 매우 자신만만했다. 그래서 말도 안 되는 객기를 저질렀다. 바로 8년 차 PR 담당자를 뽑는 자리에 0년 차인 내가 지원을 해버린 것이다.

당시 회사의 사정은 이러했다. "이제 막 투자도 받았으니, 우리도 마케팅을 공격적으로 해야 하지 않겠어? 그렇다면 전문가를 모셔 와야지!" 하고 '8년 차

PR 담당자' 공고를 올렸는데, 그 자리에 갓 대학을 졸업한, 그저 목소리만 우렁찬 생뚱맞은 애가 등장한 것이다. 황당했을 것이다. 면접을 볼 때도 너무 목소리가 커서 밖에서 듣던 동료는 나랑 대표님이 싸우는 줄 알았다고 했다. 지금 와서 돌아보니 깡이 좋았다고 포장하기엔 조금 창피하다. 〈SNL 코리아〉의 인턴 기자 짤을 볼 때마다 괜히 수치심이 드는 이유는 바로 이런 과거 때문이겠지.

경력은 없지만 나름대로 일머리는 있어 보였는지 회사는 8년 차 PR 담당자 대신 마케팅팀 매니저로 직무를 바꿔 나를 채용했다. 당시는 초기 마케팅실을 세팅하는 단계였는데, 나와 함께 일할 사수는 무려 20년 차 마케팅 전문가였다. 스타트업이었기 때문에 개발자의 집중 근무를 위한 부스 같은 노란색 방이 있었는데, 개발자는 많고 현재 마케터는 단 두 명이니 그 작은 부스를 마케팅실로 꾸리라며 자리를 마련해주었다. 노란 방 마케팅실에 딱 두 명, 20년 차와 0년 차가 앉아 일을 시작한 것이다. 그렇게 나는 업력 짱짱한 전문가를 옆에 두고 아장아장 메일 쓰는 법부터 배웠다. 메일의 첫머리는 "안녕하세요. 이가은입니다." 메일의 끝머리는 "감사합니다. 이가은 드림."

스타트업은 하루하루가 전쟁터였다. 각자가 자신의 분야를 리딩할 실력이 되어야만 돌아가는 구조였다. 기지의 생존 능력이 발휘된 건지 나는 그곳에서 혹독하게 일을 배우며 빠르게 업무에 속도를 낼 수 있었다. 일의 종류는 아주 다양했는데, 기획 기사를 쓰고, 퍼포먼스 광고를 운영하고, 방송에 나갈 회사 소개 자료를 작성하고, 캠페인을 만들면서 오프라인 행사도 진행해야 했다. 나노 단위로 시간을 쪼개가며 밥 먹을 때도 일을 하다 보니, 일이 안 늘 수가 없었다.

새벽 한두 시에 퇴근하는 일이 많았고 몹시 피곤하기도 했지만, 0년 차에게 이 모든 성장 과정은 그저 재밌게만 느껴졌다. 러닝 커브learning curve * 가 미친 듯이 올라가는 상황이 꽤 만족스러웠다. 대학 때 공모전에서나 해봤던 일을 실무로 진행하면서 생생한 피드백을 받는 것, 월급을 받아 나를 먹여 살리는 것, 새로운 경험과 시행착오를 겪는 것 모두 나의 워커 DNA를 폭

$*$ 어떤 특정 대상을 학습하는 데 투입된 시간 대비 학습 성취도를 나타내는 그래프를 뜻하며 학습 곡선이라고도 한다.

어차피 일할 거라면 원하는 일 할게요

발시키기 충분했다. 얼마간 시간이 흐른 뒤, 한번은 사수가 "앤 같은 애 한 명 더 데리고 오면 좋겠어"라는 말을 대표에게 했다고 들었다('앤'은 내 회사 닉네임이다). 20년 차 사수에게 인정받게 일을 했다는 사실에 뿌듯해하며 퇴근했던 초년의 한 순간을 기억한다.

하지만 '나 제법 일 좀 한다'고 우쭐댔을 때, 나에게 아주 기억에 남을 만한 일이 발생했다.

담배 연기로 배운
사회 연기

마케팅실은 방 구조가 특이했다. 문을 열고 들어가면 왼쪽에는 나와 새로 온 에디터의 자리가 있었고, 오른편엔 사수가 앉아 서로 등을 지고 일을 하는 모양새였다. 사수 쪽에는 큰 창이 하나 나 있었는데 가끔 1층에서 담배를 태우는 사람들의 연기가 올라오곤 했다.

어느 날, 어김없이 토 나오는 업무량에 치여 모니터를 째려보며 일을 하고 있을 때였다. 갑자기 내 코를 찌르는 담배 연기에 나도 모르게 인상이 찌푸려졌다.

"아, 담배 냄새!" 하고 저절로 큰 소리가 튀어나왔다. 등 뒤에서 사수가 물었다.

"앤은 담배 냄새 싫어하나 봐?"

이 말을 듣자마자 나는 또 이렇게 말했다.

"아휴! 당연하죠. 담배 냄새를 좋아하는 사람도 있어요? 전 진짜 맡으면 머리가 아파요(절레절레)."

사수는 "나는 좋은데"라고 짧게 답했다.

나는 그게 무슨 뜻이었는지 퇴근할 때쯤 깨달을 수 있었다. 모두가 퇴근한 밤 11시. 마지막 업무를 처리한 후 불을 끄려고 뒤를 돌아보는 순간, 내 뒤편에 있던 사수의 책상에 시선이 멈췄다. 책상 위에는 담뱃갑이 가지런히 올려져 있었다. 등골이 오싹했다. '아…… 담배를 태우셨었구나?' 가까이 다가가 담뱃갑을 다시 바라보니 더 소름이 돋았다. 낮에 칠색 팔색을 하며 담배 연기가 싫다고 말한 나에게, 보란 듯 담밍아웃을 해주고 간 것 같았다. 그날도 이 솔직한 입이 문제였다.

여전히 비흡연자이지만, 그 뒤로 내가 큰소리로 담배 연기가 싫다고 말하는 일은 없었다. "일은 늘었지만, 연기는 아직 부족하네" 하고 그 담뱃갑이 말하는 것 같았다. "앤은 너무 솔직해"라는 피드백을 많이 듣던 시기이기도 했다. 일을 하는데 연기가 왜 늘어야 하는지 완전히 납득하진 못했지만, 그렇게 내 연기 실력은 일취월장해갔다. 원래의 나보다 목소리 톤은 낮게, 크기는 조금 작게, 넘치는 솔직함보다는 정중하고 넉살 좋은 사람이 되기로 했다. 나름 비즈니스 매너라는 이름하에 변해가는 내 모습을 보며 제법 어른이 되어간다고 생각했다.

옮겨 간 회사에도 당연히 담배를 피우는 동료나 선배들은 존재했다. 담배를 태우는 시간이 따분한 분들은 너스레를 잘 떠는 나를 불러낼 때도 있었다. 그러면 나는 담배 연기를 마시며 아무렇지 않게 대화하는 연기를 했다. 가끔은 내가 정말 아무렇지 않아진 건지 헷갈릴 때도 있었다. 상대방이 뿜어내는 연기와 혼연일체가 되어 대화할 때면, 그게 연기인지 나인지 분간이 가지 않기도 했다.

그 후 회사를 나와 프리랜서로 지낸 지 반년이 넘어가면서부터 나는 연기와 멀어지는 연습을 했다. 원치 않는 프로젝트는 정중히 거절하고, 불필요한 미팅 자리엔 나가지 않았다. 전과 같은 클라이언트일지라도 일 외의 다른 데에 에너지를 쓰는 것은 현저히 줄였다. 함께 일하는 상대방의 마음을 사는 데는, 넉살 좋은 연기보다는 솔직한 피드백과 좋은 퀄리티의 결과만 있으면 된다는 이 당연한 사실을 다시 나에게 알려준 것이다.

다음 주에 있을 강의 자료를 만드는데 창밖에서 담배 연기가 올라온다. 그러면 나는 다시 "아! 담배 냄새!" 하고 재빠르게 창을 닫는다. 그리고 문득 과거의 나를 떠올린다. '음, 그렇게까지는 하지 않아도 됐었는데 말이야.'

흡연자를 미워한다는 말이 아니다. 그저 담배 연기가 아무렇지 않은 척 연기했던 나에게도, 담배 연기를 내뿜을 수밖에 없는 사람들에게도 되도록 연기가 더 느는 일은 없었으면 좋겠다고, 지금보다는 더 건강하자고 말하고 싶다.

동공 지진 배우가
선택한 무대

나에겐 비밀이 두 가지 있다. 하나는 '안구진탕nystagmus'이라는 병이 있다는 것이고, 또 하나는 한때 배우를 꿈꿨다는 것. 이 두 가지 비밀은 사실 서로가 아주 상충하는 것이어서 스스로 입 밖에 꺼내본 적이 없다. 혹시 안구진탕이라는 병명을 들어본 적 있는지 모르겠다. 짧게 말하면 무의식적으로 눈동자가 흔들리는 병이다.

드라마를 보고 있는데, 대사를 하는 배우의 눈동자가 계속 흔들린다고 상상을 해보자. 처음엔 조금 놀랐다가, 다음엔 슬슬 무섭고, 나중엔 약간 웃길 것이다.

어차피 일할 거라면 원하는 일 할게요

마지막엔 저 배우 때문에 드라마에 집중할 수 없다며 시청자 게시판에 글을 올릴지도 모른다. 이런 일이 벌어지지 않는 방법은 간단하다. 극 중에서 안구진탕을 앓고 있는 배역을 맡거나, 아예 데뷔하지 않거나 둘 중 하나다.

그렇게 나는 평생 이 배역을 강제로 맡은 주인공으로 살고 있다. 드라마 말고 현실에서 말이다. 어렸을 때 엄마 손을 잡고 안과에 자주 다녔던 기억이 난다. 의사 선생님은 차가운 의자에 앉은 내 눈을 여러 번 까뒤집고, 시큰할 만큼 눈부신 빛으로 내 눈을 몇 번 비추고는 늘 똑같은 대사를 치셨다.

"이건 현대의학으로는 고칠 수 없습니다."

'오, 이러니 정말 불치병에 시달리는 여주인공 같은걸?' 하고 웃음 짓기엔, 이 병은 아주 귀찮고 성가신 모기처럼 늘 나를 따라다니며 괴롭혔다. 평소엔 남들과 다를 것 없이 생활하다가도 어딘가에 집중하거나 정면을 응시할 때마다 내 동공은 사정없이 흔들렸다. 면접을 볼 때도, 연극 무대에 설 때도, 소개팅을 할 때도, 광고주에게 프레젠테이션을 할 때도 눈동자는 내 사정을 봐주지 않았다. 부탁인데 오늘만큼은 좀 봐달라고 빌어도 소용없었다.

눈동자가 흔들리는 이유는 초점을 맞추기 위해서라고 한다. 그러니 내가 살짝 고개를 돌려 눈의 초점이 맞으면 눈동자는 멈추고, 이내 다시 평범한 생활로 돌아올 수 있다. 나에게 이런 병이 있다는 사실이 잘 티나지 않는 이유는 살짝 삐딱한 내 고개 덕분이다. 당연히 이 병의 존재조차 모르는 주위 사람들은 늘 내게 이런 말을 했다.

"너는 왜 사람을 째려봐?"

"폰을 왜 삐딱하게 봐?"

"너 지금 우는 거야?"

그러면 나는 "네가 예뻐서 쳐다봤는데?", "난 원래 자세가 안 좋아", "네 얘기에 감동해서 그래"라는 말들로 분위기를 전환시키곤 했다. 이 글을 읽는 지인들이 있다면, 물론 진짜이기도 하니 오해는 마셔라. 상처받지도 않았으니 "내가 한 말인데!" 하며 놀라지도 마셔라. 나라도 나 같은 친구가 있었다면 분명 한 번쯤 물어봤을 거다.

흔들리는 눈으로 대학교 연극 무대에 섰던 날을 기억한다. 다행히 내가 맡은 배역은 현실의 사람들을 환상 속으로 끌어들여 현실을 포기하게 만드는 악독한 마녀 역이었다. 무서운 분장과 대사는 내 흔들리는 눈동자, 그리고 조명과 어우러져 관객들을 쏘아볼 때 아주 소름 끼치는 분위기를 만들었다. 난생처음 본 눈동자 연기에 관객들은 "뭐야, 쟤 대학로에서 연극하다 온 애야?", "연기 진짜 잘한다. 완전 미쳤어" 하며 과격한 칭찬을 마구 퍼부어주었다.

이럴 때 쓰는 말이다. "내 눈동자에 건배."

이 짧은 경험을 끝으로 나는 '배우'라는 선택지는 빠르게 덮을 수 있었다. 영화를 만드는 선배로부터 초대권을 얻거나 연극을 하는 친구의 전화를 받고 진솔하게 응원해줄 수 있는 사람으로 현재는 족하다. 안구진탕을 앓고도 활발히 연기 활동을 하는 외국 배우도 있으나, 나는 이 업에 인생을 걸 만큼 큰 열망은 없었다.

멋져 보이는 단어로 포장했지만,
여전히 흔들리며 내 인생 방향의 초점을 맞추고
있다는 얘기다. 어떤 방향이든 이 드라마의 흐름은
뻔하다. 이리저리 흔들리고, 살짝 삐딱해 보이고,
남들과 조금 달라 보일지라도 조금씩 고개를
돌리고 방향을 틀어 결국 선명한 나만의 초점을
찾아내는 여정이 되리라는 것이다.

대신 나는 배우처럼 쓰고 표현하고 전달하면서 돈도 잘 버는 '콘텐츠·마케팅' 필드를 택했고, 전공을 바꾼 뒤 예상보다 더 좋은 결과물을 내며 학교를 졸업할 수 있었다. 이후에도 원하던 두 곳의 회사에 다니며 스스로 만족스러운 성장을 했다. 나의 이 재능은 프레젠테이션을 할 때 빛을 발했고, 연기가 필수라던 사회생활도 곧잘 하게 만들어주었다. 브랜드와 광고, 콘텐츠를 만들며 결국 이 일이야말로 종합예술 같다는 생각을 자주 했다.

4년간 머문 광고 회사에 돌연 사표를 냈지만, 이는 오래전 접어둔 꿈과는 아주 별개의 이유였다. 지난 5년 동안 몸담고 있던 브랜드와 콘텐츠 신scene에서 더 재밌게 해볼 수 있는 일을 찾고 싶었다. 브랜드와 영화가 합쳐진 다큐멘터리 필름이라든지, 오리지널 프로그램을 제작한다든지, 프리랜서로 일을 해본다든지, 하물며 이렇게 나의 얘기를 콘텐츠로 표현해내는 일까지 다양하게 펼쳐보며 내 길을 찾고 싶었다.

멋져 보이는 단어로 포장했지만, 여전히 흔들리며 내 인생 방향의 초점을 맞추고 있다는 얘기다. 어떤 방향이든 이 드라마의 흐름은 뻔하다. 이리저리 흔들리고, 살짝 삐딱해 보이고, 남들과 조금 달라 보일지라도 조금씩 고개를 돌리고 방향을 틀어 결국 선명한 나만의 초점을 찾아내는 여정이 되리라는 것이다.

긴 시간이 지나 이 글을 읽은 독자가 나에게 안부를 묻는다면 나는 이렇게 답하는 사람이 되고 싶다.

"여전히 내 눈동자는 흔들려. 의학 기술은 발달 안 하고 뭐 한대? 그래도 내 삶의 초점은 잘 맞춰진 것 같아. 그래서 삐딱하고 꽤 선명하게 잘 지내."

혹시 지금 누군가의 눈동자처럼 이리저리 흔들리고 있다면, 남들과 조금 다른 방향으로 고개를 돌리고 선명한 초점을 찾고 있다면, 오늘은 이렇게 한 번 외쳐주기를.

"내 눈동자에 건배-"

미생물 밥 말고
내 밥

앞서 소개한 대로 배우라는 꿈은 파르르 흔들리는 내 동공으로 인해 한편에 고이 접어두게 됐다. 그렇게 마케팅 필드를 택해 현재까지 쭉 외길을 걸어온 것 같지만, 사실 내가 대학에 입학했을 때 첫 전공은 '생명 과학'이었다.

"너는 이과에 가도 잘하고 문과에 가도 잘할 거야."

고등학교 담임 선생님이 진로 상담을 하며 내게 이런 말을 건넸다. 지금은 문·이과가 통합됐지만, 나의 라떼 시절에는 고등학교 2학년 때 이과와 문과를 선택해야만 했다. 이를 위해 대부분의 고1 학생들은 흥미적성검사를 했는데, 나는 두 성향이 딱 반반으로 나온 것이다. 그도 그럴 것이, 나는 늘 국어, 수학, 과학 과목에서 고루 높은 성적을 내고 있었다. 어렸을 땐 활자 중독 수준으로 책 읽는 것을 좋아했고, 중학생 때부터는 수학과 과학에 제법 흥미를 붙였다. 난 둘 다 좋아하는데 둘 중 하나를 결정해야 하는 순간이 찾아온 것이다.

나는 당시 우리 집 사정이 좋지 못한 것을 고려했다. 부산에서 병원장으로 있는 막내 이모 부부의 재력을 보며, 나도 이공계열 쪽으로 가서 돈을 왕창 벌어보겠노라고 결심했었더랬다. 문과생은 취업이 어렵다는 기사를 얼핏 접하기도 했었다. 하지만, 그때는 몰랐다. 내 MBTI가 ENFP(재기발랄 활동가형)였다는 것을. 특히 창작하고, 말하고, 표현하는 것을 잘하며 또 좋아하는 사람이라는 것을. 반면 가벼운 엉덩이와 변덕이 심해 뒷심이 부족하다는 것도 말이다.

그렇게 원하는 학교에 생명과학부로 진학한 후, 미생물학 수업을 수강하고 있을 때였다. 시간은 밤

어차피 일할 거라면 원하는 일 할게요

11시. 하얀색 가운을 입고, 실험실에 도착했다. 미생물이 잘 살아있는지 살펴보며 먹이를 주려던 순간, 내 배에서 천둥 같은 꼬르륵 소리가 들려왔다. 낮부터 두꺼운 전공 서적을 끼고 도서관에만 틀어박혀 있다가 저녁 먹는 것을 깜빡했던 것이었다.

아, 배고파. 평소라면 근처 매점에 달려가 한 손에 쥐고 먹을 수 있는 주먹밥이나 떡을 사 왔겠지만, 순간 뭐에 맞은 듯 '띵-' 하더니 이내 이런 질문이 떠올랐다.

'이 수업을 잘 마치고, 졸업하면? 석사생이 되면? 연구원 할 거야?'
'앞으로 쭈욱 실험실에서 이렇게 연구하고 논문 쓰면서 살 수 있을까?'
'그리고 일단, 너 미생물 밥 주면서 평생 네 밥은 거를 거야?'

아니, 싫었다. 눈에 보이지도 않는 미생물 밥 주면서 내 밥은 왜 걸러야 해?! 깊은 내면에서 아우성이 들려왔다. 신기하게도 인생에서 중요한 선택을 할 때, 나는 항상 나에게 이런 질문을 해왔다. 이렇게 몇 년 더

한 뒤에는 네가 진짜 원하는 삶을 살 수 있느냐고. 네가 원하는 삶의 기준이 무엇이냐고. 네가 가진 재능을 펼치며 기쁘게 해낼 수 있는 일은 무엇이냐고. 이 질문은 회사를 이직하거나 퇴사할 때, 또다시 회사로 돌아갈 때도 똑같이 적용됐다. 마치 내 몸에 어떤 스위치가 나를 더 나답게 살도록 당겨주는 것 같은 느낌이었다.

아무튼 첫 스위치가 올라간 건, 생명과학부 실험실에서 미생물한테 밥 줄 때의 일이었다. 질문에 대한 대답은 이미 온몸으로 알고 있었다. 물론 공부나 일을 하며 굶을 때도 있을 테지만, '미생물 밥 주느라' 굶는 건 아주 싫었나 보다. 이 일을 하면서 찾아오는 작고 큰 고통을 감수할 만큼 사랑하는 일이 아니라는 걸 깨달은 순간이었다. 그게 고작 배고픔이었을지언정.

하지만 전형적인 대한민국 입시 교육을 받고 막 대학생이 된 내가 배고프다고 전공을 바꾸긴 쉽지 않았다. 누가 들으면 "그냥 가서 치킨이나 시켜 먹고 와"라고 할 게 뻔했다. 그래서 나는 내게 시간을 주기로 했다. 약대 시험을 핑계로 휴학계를 낸 뒤, 2주 만에 때려치우고 알바를 해 유럽 여행을 떠났다. 복학한 뒤 내 손엔 마케팅과 심리학이라는 전혀 다른 분야로의 전공 변경 신청서가 들려있었다. 하지만 선명했다. 전공을 바꾼 후 각종 마케팅 공모전에서 대상을 받았고, 마케팅 학회에서 학회장도 역임했다. 주변에서는 나를 보고 "지금 이 전공이 너에게 딱 맞는데, 어떻게 생명과학부를 했었을까?" 하며 의아해하는 친구들이 대부분이었다.

당시엔 '도대체 나는 어떤 전공을 선택해야 하는 건지' 머리 싸매고 수없이 고민하며 괴로워했지만, 이제와 돌아보니 결국 '사람은 자신이 원하는 삶을 찾아가게 되어있다'라는 진리를 배운 셈이다. 어떤 공부를 선택할지, 어떤 일을 해야 할지 전전긍긍하고 있다면 스스로에게 질문해보자. 앞으로도 쭉- 지금 하는 공부와 일을 계속하고 싶은지, 설령 조금 배고프더라도 감당할 수 있는지.

반반 치킨 마케터의
유일한 재능

일을 시작하고 나면 잘 먹고 잘 살 줄 알았는데……. 사회인이 되고 나서도 나는 전공 선택과 비슷한 관문에 부딪혔다. 그건 바로 마케팅에도 이과 쪽과 문과 쪽이 나뉜다는 것.

2016년, 내가 취업할 당시에는《그로스 해킹》이라는 책이 선풍적인 인기를 끌었다. 책을 본 마케터들은 데이터를 기반으로 고객 퍼널 분석*을 통해 매출을 증진하고 이탈률을 최소화하는 퍼포먼스 마케팅이 마케

---

* 고객이 유입되고 전환에 이르기까지 주요 단계를 수치로 확인하는 분석 방법.

팅의 핵심이라고 많이들 외치고 있었다. 앞으로는 데이터를 다룰 줄 아는 마케터가 가장 필요해질 것이며, 몸값도 가장 높으리라는 기사들도 쏟아졌다.

알다시피 나는 야망이 꽤 높은 편이다. 비록 약사라는 전문직은 포기했지만, 마케팅 신에서 가장 몸값 높게 쳐주는 그로스 해커가 되겠다고 마음을 먹었다. 그리고 고맙게도 당시 입사한 스타트업에서 만난 사수는 20년 차 퍼포먼스 마케팅 전문가였다. 나는 그의 옆에 앉아 빠르게 이 업무를 배울 수 있었다. 덕분에 GA(구글 애널리틱스) 같은 마케팅 툴은 물론이고, 모든 퍼포먼스 미디어 툴을 잘 다룰 수 있게 됐다. 옆에서 배울 때는 눈물 나게 힘들었지만, 지금 생각해보면 워커로서의 내 가치를 단번에 올려주어 무척 감사한 나의 첫 사수느님.

퍼포먼스 마케팅을 어느 정도 익혀보니, 매일 반복되는 수치와의 싸움과 분석만으로는 한 브랜드의 브랜딩을 전반적으로 다룰 수 없다는 것을 깨달았다. 게다가, 애당초 이과와 문과 머리가 반반 발달한 나에게도 숫자만 보는 일은 고역이었다. 데이터를 잘 이용하면서도, 본질적으로 크리에이티브와 맞닿아있는 일을 하고 싶었다. 무엇보다 유튜브나 미디어를 볼 때마다 나오는 재밌는 콘텐츠와 기발한 광고 영상들이 나의 숨겨둔 창의적 모멘트를 꿈틀대게 만들었다.

당시에 한 이커머스 광고를 보고 있었는데, 스토리라인이 너무 재밌고 캠페인의 메인 카피도 정말 매력적이었다. 경쟁사로 인해 저물어가던 해당 브랜드를 단번에 부활시켜 준 파격적인 광고였다. 브랜드가 직면한 문제를 크리에이티브로 해결할 수 있다니. 이 일이 너무나도 매력적이라는 생각을 했다. 캠페인과 광고에 대해 디깅digging하던 나는 그해 해당 광고를 만든 회사로 이직을 했다.

이직한 광고 회사에서도 미디어 플래너 일을 하다 한 차례 직무를 바꾸어 캠페인 기획자로 일했다. 그다음으로는 프리랜서로 살며 갭이어를 가졌고, 현재는 원하는 콘텐츠와 필드를 찾아서 엔터 콘텐츠 플랫폼에서 일하고 있다. 돌아보면 나의 직무 탐방기는 꽤 진취적인 움직임이었다. 퍼포먼스 마케터로 시작해 미디어 플래너, 캠페인 크리에이티브 기획자, 엔터 콘텐츠 마케터, 그리고 지금의 오리지널 프로그램 기획자까지.

누가 보면 뒤죽박죽인 커리어 같겠지만, 조금씩 방향을 조정하며 보다 나에게 잘 맞는 일을 찾아가고 있다. 덕분에 숫자를 다룰 수 있으면서, 크리에이티브까지 짤 수 있는 반반 치킨 마케터이자 기획자가 됐으니까. 돌아보면 내가 습득한 많은 직무적 경험과 기술들은 사실 무엇 하나 재능이 있어서 시작한 일이 아니었다. 굳이 찾아보고자 한다면, 내게 있던 유일한 재능은 '그냥 해보는 것'이 아니었을까.

그러니 지금 끌리는 일이 있다면, 무엇인가 당신의 심장을 요동치게 만들었다면, 그 작은 설렘을 꼭 실행으로 옮겨봤으면 좋겠다. 해보지 않으면 결코 자신을 알 수 없다. 내가 그 일이 잘 맞는지, 정말 오래 좋아하며 할 수 있는 일인지, 나는 어떨 때 기쁜지……. 무수히 많은 회사와 직무와 일의 형태가 있듯 당신에게도 생각지 못한 재능과 적성과 잠재력이 있다.

대신, 대충하고 포기하지 말기. 제대로 실험해보고 부딪히고 자신에게 확인하기. 나는 앞으로도 이렇게 계속 시도하면서 나의 방향을 수정하며 살아가려고 한다. 이것이야말로 내가 원하는 삶에 가장 가까워질 수 있는 유일한 방법이라고 믿으니까.

지금 끌리는 일이 있다면,

무엇인가 당신의 심장을 요동치게 만들었다면,

그 작은 설렘을 꼭 실행으로 옮겨봤으면 좋겠다.

해보지 않으면 결코 자신을 알 수 없다.

*****

63빌딩
출근 일지

첫 번째 직장이었던 스타트업에서 일한 지 1년쯤 됐을 때, 우리 회사는 63빌딩 16층으로 이사를 했다. 20명 남짓한 사람들이 모여있던 선릉의 작은 사무실이 63빌딩으로 이사를 했다는 건, 회사의 투자 유치가 성공적이었다는 뜻이었다. 매일 야근하며 나의 혼을 불어넣던 회사가 커가는 건 생각보다 더 뿌듯한 일이었지만, 이내 난감한 상황이 펼쳐졌다.

당시 나는 암사역 끄트머리에 붙어있는 셰어하우스에 무척이나 좋은 조건으로 살고 있었다. 장담컨대 서울에서 월세 단돈 30만 원에, 한강이 내려다보이는 아파트에, 방 한 칸을 단독으로 쓰면서, 넓은 거실과 부엌을 맘대로 누비며 살 수 있는 집을 만난다는 건 기적 같은 일이 분명했다. 무려 한강뷰 아파트라니! 8년간 개미처럼 열심히 일한 지금도 쉽게 들어갈 수 없는 공간이다.

초년생 신분으로 회사의 성장도, 좋은 집도 놓치고 싶지 않았던 나는 멍청한 짓을 하기 시작했다. 그건 바로 암사역에서 여의도 63빌딩까지 매일 출퇴근하기로 결심한 것이었다. 강원도 춘천에서 서울로 출퇴근하는 사람들도 있는데 그게 뭐가 멍청한 짓이냐고 할 수도 있겠다. 하지만, 나는 새벽 2시에 퇴근하던 스타트업 1년 차 마케터였고, 아침잠이 너무 많은 인간 유형이었다는 걸 간과했다는 것이 포인트다.

그때부터 지옥의 출근길이 시작됐다. 야근 후 새벽에 택시를 타고 귀가하면서 회사 법카로 긁는 돈이 2만 원. 잠깐 눈을 붙였다 떴을 뿐인데 다시 아침이고, 대중교통을 타기엔 늦은 것 같으니 지각을 면하려면 또다시 택시. 그러면 출근길에 나가는 내 돈이 2만 원. 게다가 아침에 암사동에서 여의도로 가는 그 길은 막혀도 너무 막혔다. 이게 무슨 창조 낭비인가 싶었다.

어차피 일할 거라면 원하는 일 할게요

돈 없던 나는 지하철을 타기 위해 눈 뜨자마자 10분 만에 씻고 달리고, 다시 새벽에 들어와 눈만 붙이는 생활을 반복했다. 결국 코피가 터지고 나서야 집을 옮겼다.

다행히 여의도에서도 좋은 셰어하우스를 구해 편안히 지낼 수 있었다. 생각해보니 어차피 집에서 한강을 바라볼 시간도 없이 회사에서 일만 하는데 진작에 옮길 것을 무슨 허튼짓을 하고 있었던 거지 싶었다. 주거환경이 안정되니 그제야 나는 63빌딩에 입성한 스타트업의 나날을 소중히 관찰할 수 있었다.

현재 국내에서 가장 높은 건물은 잠실의 롯데월드 타워지만, 청주 토박이 소녀로 자란 나에겐 63빌딩이 늘 마음속 가장 높은 건물로 자리 잡고 있었다. 직장인이 되고 나서야 만난 63빌딩은 생각보다 더 번쩍이는 금빛이었고, 전망대나 아쿠아리움뿐만 아니라 한화그룹의 금융사들이 대거 입주해있는 대형 오피스 건물이라는 것도 알게 됐다. 국내 랜드마크이자, 대기업의 대표 건물, 게다가 금융사 그룹이라니. 이 세 가지가 합쳐진 63빌딩은 오피스의 직원들을 비롯해 하루에도 수백 명의 관광객이 드나드는 유동 인구가 아주 많은 곳이었다.

나는 이사한 곳에서도 종종 카풀 서비스를 이용했다. 집이 지하철역과는 많이 떨어진 애매한 위치에 있어 출근하는 길이 조금 복잡했는데, 같은 방향으로 출근하는 분의 차를 택시보다 저렴한 비용을 내고 이용할 수 있었다. 누군가의 차로 63빌딩으로 이동하면, 차가 잠시 정차할 수 있는 후문 쪽에서 내리곤 했다. 문제는 그곳이 회장님이나 귀빈들을 내려주는 곳이었다는 것. 처음 후문으로 도착해서 카풀해주신 차주분께 인사를 하고 내리려는 순간, 내가 문을 열지 않았는데 자동으로 차 문이 열렸다. 발레파킹을 도와주는 직원분이 나를 귀빈으로 착각해서 차 문도 열어주고, 회전문도 대기시키고, 인사까지 해주는 아주 민망한 상황이 벌어진 것이다.

하지만 카풀을 자주 이용하면서 발레파킹 직원분들은 나의 얼굴을 인지하기 시작했고, 새파랗게 어린 일개 1년 차 직장인인 것도 알아차린 듯싶었다. 나도 다른 차들이 정차하는 쪽까지 들어가지 않고 밖에서 내리곤 했다. 서로 민망한 상황을 피하는 최선의 방법이었다.

그렇게 건물 안으로 들어가면 우리 회사가 있는

16층으로 가는 엘리베이터를 타야 했다. 몇백 명의 유동 인구를 태우고 오르락내리락하는 엘리베이터는 오전엔 자주 만원이었다. 하지만 이곳에서도 나는 우리 회사와 대기업의 차이점을 금세 발견할 수 있었다. 또각거리는 구두, 단정한 블라우스나 셔츠, 점잖은 향수 냄새가 나는 여느 사람들과는 달리, 우리 회사 직원들은 복장부터 너무나 튀었다.

유연하고 수평적인 문화를 가진 젊은 멤버들이 모인 스타트업에는 당연히 복장 규제랄 것이 없었다. 주말 출근도 불사하고 일을 하던 시기가 있었기에 개발자들은 회사에서 밤을 새우는 경우도 있었고, 편한 후드, 맨투맨, 청바지, 추리닝, 슬리퍼 차림에 시뻘겋게 충혈된 눈, 부스스한 머리로 일하는 모습이 어색하지 않았다. 대외적으로 기자들이나 다른 담당자를 만나는 나는 조금 더 단정하게 입고 다니긴 했지만, 정장 차림이나 구두를 신고 오는 일은 없었다.

이런 사람들이 금융사 직원들과 한 엘리베이터를 타니, 관광객이 직원 게이트로 잘못 들어온 것 같은 느낌을 받을 때도 있었다. 건물 외벽도 번쩍이는 금빛에, 바닥도 미끄러질 듯한 대리석, 그리고 그 안에 있는 사람들도 모두 정갈한 분위기로 포스를 풍기는데, 우리만 63빌딩에 견학 온 해맑은 대학생 같은 느낌이 었다고 해야 할까. 더 큰 문제는 삼선 슬리퍼였다. 우리는 출근하면 자리에 있는 삼선 슬리퍼를 주로 신곤 했는데, 누군가 1층에 물건을 전해주러 내려올 상황이거나, 잠깐 간식을 사러 편의점이라도 갈 때면 그 삼선 슬리퍼가 너무나도 튀었다. 게이트 출입을 관리하는 분들이 가끔 그 발을 쳐다보는 듯한 기분도 들었다.

차갑고 반짝이는 대리석 바닥에 또각거리는 구두와는 달리 터벅터벅 소리를 내며 걷는 회사 팀원들의 모습이 웃기고 귀엽게 느껴졌지만, 지금 돌아보면 조금은 더 신경 쓰고 다닐 걸 그랬다 싶다. 옮겨간 광고 회사에서는 대표님의 철학 아래, 모두 조금 더 신발다운 형태의 신을 늘 신고 다녔다. 처음엔 '이 편한 걸 왜 안 신을까?' 하고 생각했지만, 그런 모습 하나하나가 모여서 회사의 문화를 만들고, 결국 회사를 만드는 것이라는 걸 알았다. 게다가 클라이언트를 상대하는 회사라면 더더욱 신뢰감을 주는 모습을 하는 것이 옳다.

슬리퍼 말고도 기억에 남는 일화가 하나 더 있다. 요즘은 영어 이름을 쓰는 회사가 많아졌지만, 2017년 당시에는 주로 스타트업에서 영어 이름을 썼다. 우리끼리 편하게 수평적인 문화를 만들기 위한 것이니 영어 이름을 꽤 재밌게 짓곤 했다. 우선 나는 앤이었고, 다른 분들의 이름은…… 프라이버시를 위해 생략하겠다. 대충 비슷한 이름을 예로 들자면, 그리스 로마 신화에 나오는 미와 사랑의 여신 아프로디테나 철학자 소크라테스 같은 이름이 있었다고 생각해주면 되겠다.

회사에서 영어 이름으로 커뮤니케이션을 하는 것은 수평적인 문화를 만드는 데는 좋았지만, 단점이 하나 있었다. 바로 외부에서 그 사람의 본명이 생각나지 않는 경우가 많았다는 것이다. 영어 이름을 부르는 게 조금 민망한 일이라는 걸 알고 있는 사람이라면, 그럴 때 '과장님'이라거나 '대리님'이라는 호칭으로 바꿔 부르는 센스를 발휘하곤 했지만, 그때의 나는 생신입에 직급 체계도 잘 모르는 상태였다. 게다가 나에겐 이 회사가 처음이자 사회생활의 전부였으니, 밖에서 영어 닉네임을 부르는 게 그렇게 창피한 일이라는 생각을 하지도 못했다.

그날도 여전히 단정하고 어른 같은 금융사 직원들과 대학교 동아리 차림의 우리 회사 직원들이 같이 엘리베이터를 탔던 날이었다. 점심 메뉴를 고민하다 나도 모르게 옆에 팀원에게 이렇게 말했다.

"아프로디테! 우리 점심 뭐 먹죠?"

"……"

그는 대답이 없었다. 나는 그가 현재 창피함을 느끼고 있다는 것조차 인지하지 못했다. 그래서 나는 재차 물었다.

"아프로디테! 아프로디테!"

"……"

그는 고개를 숙였다. 그의 얼굴이 빨개지고 있었다. 주위에서 들리던 수다 소리가 멈췄고, 약간 웃음을 참느라 일그러진 얼굴들이 보였다. 윗입술과 아랫입술이 말려 들어간 그런 입. 엘리베이터가 로비가 있는 층에 도착하고 나서야, 그는 나에게 짜증을 냈다.

"아, 앤! 밖에서 닉네임 부르지 마요. 저 창피하다고요."

"죄송해요……. 깜빡했어요."

화가 난 멤버는 휙 뒤를 돌아 먼저 식당가로 향했다. 하지만 나는 이내 그의 뒷모습을 보고 엘리베이터 안 사람들과 똑같이 웃을 수밖에 없었다. 영어 닉네임

어차피 일할 거라면 원하는 일 할게요

은 창피해하면서, 식당가로 향하는 수많은 사람들 중 유일하게 삼선 슬리퍼를 신은 것에는 아무렇지 않아 하는 모습이 너무 웃기고 귀여웠다. 젊은 20대 친구들이 모인 스타트업이 오랜 전통의 번지르르한 63빌딩 건물에서 일한다는 건 이런 모습이구나 싶은 날들이었다.

그때는 몰랐지만, 신선하게 재밌던 날들이었다. 새벽까지 일하던 것도, 열띤 토론으로 밤새 울고 웃던 것도, 슬리퍼를 신고 63빌딩을 누비던 것도, 하나같이 모두 재밌었고, 힘들었고, 슬펐고, 웃겼다. 나의 초년 시절의 일부분을 63빌딩에서 그렇게 지냈다는 사실은 두고두고 확실한 축복이었다.

기획자의
취미 생활

"앤은 취미가 뭐예요? 퇴근하면 뭐 해요?"

전날에도 자정을 넘겨 퇴근한 내게 동료의 질문이 날아와 박혔다. '취미', '취향', '감도'와 같은 단어가 지금보다는 아주 덜 쓰일 때다. 그래도 살아오면서 본인이 좋아하는 분야나 소소한 이벤트는 1~2개쯤 있을 법 한데, 나는 없었다. 퇴근하면 쓰러져 자기 바빴고, 출근해서도 점심시간에 전화통을 붙잡고 기자님들과 통화하며 밥을 먹는 둥 마는 둥 하며 살았다. 이런 내 모습을 처음으로 관찰해보게 만든 질문이었다.

취미의 사전적 정의는 '전문적으로 하는 것이 아닌 즐기기 위하여 하는 일'이라고 한다. 전문적으로 하는 일도 초년생 신분으로 어려워 죽겠는데 꼭 무언가를 즐기며 살아야 하는 건가? 남들은 다 취미를 갖고 사나? 유일하게 내가 삶에서 즐기고 있다고 느끼는 건 현재 하고 있는 일밖에 없었다. 그런데 그마저도 그 일이 재밌어서라기보다는 그저 일을 '잘 해낸다는 기분'을 즐기고 있었다는 사실을 깨닫고는 왠지 창피해졌다. 낙 없이 살아가는 자신이 멋없게 느껴졌달까.

그런데 앞자리에 새로 입사한 마케터는 남달랐다. 그는 퇴근하고 캘리그라피 수업을 들으러 가는가 하면, 어느 날에는 드론을 배우고 싶다며 드론을 구매하더니 이내 자격증까지 따는 작자였다. 학부 시절에 만난 작가들과 함께 책을 출판하는가 하면, 갑자기 친구들과 공간 사업을 하겠다며 덜컥 건물을 계약하고 오곤 했다. 회사 일도 재밌게, 취미 생활도 재밌게 하는 그를 보며, 나는 질투가 났다.

나는 내 일 하나만 해내기에도 이렇게 힘든데, 저 사람은 왜 저렇게 일하면서 놀면서 행복한 거지? 점심시간에 회사 천장을 퉁퉁 치며 위잉 위잉 날아다니는 드론을 보고 있자니 스스로 화가 치밀었다. 살면서 주어진 과제를 열심히만 하면 노후에 행복할 거라던 어른들의 말을 꼭 믿고 살았다. 나 하나 먹여 살리는 것도 힘든 시대에, 일도 하고, 또 제법 잘한다는 소리도 듣고, 적은 월급이지만 돈을 꼬박꼬박 벌고 있으면 이걸로 족하다고 생각했다. 그런데 자꾸 그가 부러웠다. 이내 내 안에 어떤 결핍이 있음을 깨달았다.

그때부터 '내가 좋아하는 건 뭘까?'라는 안테나를 세우고 다녔다. 처음엔 막막해서 다른 사람들은 어떤 것에 재미를 느끼는지, 무엇을 배우러 다니는지, 어디에 돈을 쓰는지 물어보곤 했다. 그러다 조금만 마음이 꿈틀대면 보석함에 넣고 하나씩 꺼내보기 시작했다. 사소하게는 유튜브를 보다가도, 길을 걷다가도, 음식점에 가서도, 친구와 얘기를 할 때도 내가 '재밌다'고 느끼는 모든 콘텐츠와 주제를 수집했다. 나는 이게 왜 재밌는지, 어떤 부분을 흥미 있어 하는지, 지금 뭘 해보고 싶은지를 계속 생각하고 시도해보기 시작했다.

댄서들의 영상을 보다 용기 내 등록한 댄스 학원을 몇 년째 다니게 됐다. 서점에 가서 나와 전혀 다른 분야의 책을 하루 종일 읽어보기도 하고, 좋아하는 작가의 글쓰기 수업도 들었다. 평소 애정하던 아티스트의 공연, 인기 있는 브랜드의 팝업스토어, 구독하고 있는 크리에이터의 강연도 찾아다녔다. 영상 기획과 제작을 배우러 교수님을 쫓아다니며 몇 개월간 연희동에 짐 싸 들고 수업을 들으러 다니기도 했다. 연기 클래스도 등록했다. 수영, 요가, 헬스, 필라테스, 클라이밍, 자전거 등 운동 취미도 도전과 좌절을 반복했으나 놓지는 않았다.

(나열하니 취미에 미친 사람 같지만) 몇 년에 걸쳐 꾸준히 시도하면서, 어떤 것들은 금방 멈췄고, 어떤 것들은 지금도 여전히 취미로 남아있다. 또 어떤 취미들은 나의 새로운 일로 연결되기도 했다. 필연적으로 기획자는 누군가의 좋아하는 마음을 분석하고 꿰어야 한다. 많고 많은 콘텐츠, 물건, 서비스, 브랜드 중에서 그걸 고른 사람들의 니즈를 알아야, 그들이 원하는 방향으로 일을 더 발전시킬 수 있기 때문이다. 그러기 위해서는 본인이 무언가를 좋아해본 경험이 아주 큰 도움이 된다. 그게 왜 재밌는지, 어떨 때 도움이 됐는지, 어떤 이유로 구매했는지, 누구에게 선물했는지 등의 질문을 나라는 대상을 두고 실험해볼 수 있기 때문이다. 그

일하는 사람에게 취미가 필요한 이유는
'남의 인정'에 치중된 우리의 삶에 '자신의 인정'을
듬뿍 넣어주기 위해서다. 필연적으로 자기 능력을
증명하고, 결과물로 보여주고, 타인의 평가를
받아야 하는 일터의 세계에서 잠시 빠져나와,
오로지 내면의 목소리에만 집중하면 되는
취미의 세계에서 헤엄쳐보길 바란다.

렇게 나의 취미 생활은 일에 대한 동력과 인사이트로 변환됐고, 일을 더 좋아하게, 삶을 더 좋아하게 만들어주었다.

단지 좋아하는 마음 하나로 시작한 취미 생활은 내가 속한 업계와 직장과 직무와 꿈도 바꿔놓았다. 현재는 즐기면서도 전문적으로 잘하고 싶은 콘텐츠 분야에서 일을 하고 있다. 덕업일치를 이루고 나서도, 여전히 나는 취미를 찾아 나선다. 일하는 사람에게 취미가 필요한 이유를 이제는 잘 알기 때문이다. 그 이유는 바로 '남의 인정'에 치중된 우리의 삶에 '자신의 인정'을 듬뿍 넣어주기 위해서다. 필연적으로 자기 능력을 증명하고, 결과물로 보여주고, 타인의 평가를 받아야 하는 일터의 세계에서 잠시 빠져나와, 오로지 내면의 목소리에만 집중하면 되는 취미의 세계에서 헤엄쳐보길 바란다. 서툴고 잘 해내지 못하더라도 괜찮다. 좋아하는 마음 하나 들고 시작했다가 그대로 끝나버려도 된다. 남과 비교할 필요도 없다. 반짝이고 좋아하는 마음이 있다는 것 자체가 기특한 일임을 기억하자. 그저 새로운 무언가를 배우고 시도하는 자신을 마구 예뻐해주면 된다.

댄스 학원에서 나와 기분 좋게 집으로 돌아가는 길에 이런 생각을 했다. 자신이 좋아하고, 재미를 느끼는 일에 시간을 내어준다는 것은 무척 가치 있는 일이라는 사실을. 결국 열심히만 살려고 열심히 일하는 게 아니라, 우리가 선택하는 모든 순간과 시간은 자신의 행복을 위한 것임을. 오늘도 나와의 시간을 보내며 알아간다.

단순히 내가 즐기기 위한 일을 시작해보자. 그 일이 당신을 어디로 데려갈지는 모르는 일이다. 설령 코앞에서 멈춘다고 해도, 전보다는 분명 좀 더 재밌는 삶이 될 거다.

*****

재능을
삽니다

누군가 물었다. 데이터를 다루던 퍼포먼스 마케터에서, 어떻게 크리에이티브 기획·제작 일을 하게 됐느냐고. 그러면 나는 "카메라를 하나 샀어요"라고 웃으며 답한다.

광고 회사에 처음 입사했을 때 나는 브랜드들의 미디어 전략을 짜는 플래너였다. 콘텐츠 기획을 하고 싶었지만, 그간 내가 성과를 내온 직무가 데이터를 활용하여 브랜드의 매출과 수익을 올리는 퍼포먼스 마케팅인 점을 감안했다. 하지만, 콘텐츠 기획을 하고 싶은 갈증이 점점 커지면서 반년마다 사수와 팀장님을 괴

롭혔다. 회사 동료, 선배들을 쫓아다니며 고민을 털어
놓기도 했다.

　"소비자 인사이트 TF에 저도 들어가면 안 될까요?"
　"이번 ○○캠페인 콘텐츠 크리에이션 TF에 저도 참여
할 수 있을까요?"
　"저도 캠페인 기획에 관심 있는데, 광고 캠페인 브리
프brief 짠 거 예시 좀 받아볼 수 있을까요?"

　때마다 참여할 수 있는 TF에 자진해서 손을 들었지
만, 직무를 바꾸는 건 쉽지 않았다. 애초에 TF 참여만
으로 성과를 증명하기도 어려웠고, 나는 현재 맡고 있
는 대형 클라이언트들의 미디어 전략 운영에서 제법
좋은 성과를 내고 있던 상태였다. 이미 현업을 잘하고
있는 팀원을 굳이 검증도 안 된 다른 일에 투입하는 회
사는 세상에 없을 거라는 걸 나도 알고 있었다.

　"잘하는 거로 돈 벌어. 좋아하는 건 취미로 하고."

　같은 고민을 할 때마다, 주위 모두에게 비슷한 대답

이 들려왔다. 그래서 나는…… 카메라를 하나 샀다. 마침 취미 생활을 하나 더 늘릴 참이었다. '그래, 취미로 콘텐츠를 기획하고 유튜브에 올리면서 이 갈증을 풀어보는 거야.'

그때부터 시작이었다. 유튜브 콘텐츠를 3개쯤 올렸을 때부터, 브랜드들의 광고 의뢰, 촬영 의뢰, 콘텐츠 협업 제안이 들어오기 시작했다. 급기야, 콘텐츠 촬영 의뢰를 받아 비행기 티켓을 받고 해외로 로케 촬영까지 다녀오기도 했다. 광고를 만드는 광고 회사에 있는데, 낮에는 미디어 플래닝으로 브랜드의 광고와 매출 성과를 올리는 일을 하고, 밤에는 취미로 다른 브랜드의 광고 콘텐츠를 기획하고 제작하는 아이러니한 상황이 벌어진 것이다.

당시 사이드 프로젝트로 골목 카페 한 곳을 브랜딩하는 콘텐츠도 기획해서 촬영을 하던 상태였는데, 이 소식을 듣자 외부의 다른 스몰 브랜드들까지 의뢰를 하기 시작했다. 그렇게 몇 개월 정도 사이드 프로젝트를 통해 내가 콘텐츠 기획과 제작에 재능이 있는지, 오래 할 수 있는지, 정말 업으로도 하고 싶은지를 테스트하며 포트폴리오를 쌓았다.

이후 팀장님과 대표님에게 그간 해온 콘텐츠 관련 성과들을 정리하여 설명해드린 후, 브랜디드 콘텐츠 업무를 하고 싶다는 제안 메일을 보냈다. 지금껏 하던 일을 성실히 하면서도, 새로운 콘텐츠 직무에 대한 진심과 열정을 좋게 봐준 회사에서는 감사하게도 나를 크리에이티브 제작팀으로 이동시켜 주었다. 제작팀에서의 경험이 발판이 되어 현재는 방송·엔터 업계에서 콘텐츠 기획자의 길을 걷고 있다.

어떤 일을 하고 싶은데 망설이는 사람들이 있다면 내가 꼭 해주는 말이 있다. 태어날 때부터 무슨 일을 잘하면서 태어난 사람은 없다는 것. 그간 자신이 선택한 경험들, 배우려고 노력했던 시간들, 좋아하는 마음들이 쌓이고 쌓여 결국 그 일을 잘하게 된다는 것도.

그러니, 두려워하지 말고 지금 좋아하는 그 일을 시작해보자. 그래도 여전히 두렵다면, 재능을 사버리자. 미래가 어떻게 바뀔지도 모르고 냉큼 카메라를 사버린 이 사람처럼.

직장인 말고
집장인

백수가 됐을 때의 일이다. 직장 생활 5년 반 만에 나는 자발적 백수가 됐다. 때마침 퇴사 시기와 맞물려 집 전세 계약도 만료됐다. 내 일을 할 공간이 필요하다는 핑계로 조금 오래된 빌라에 새 둥지를 틀었다. 이 백수의 출근지는 내가 사는 집의 방 한 칸이란 얘기다. 노란 방이 있던 스타트업의 첫 사무실, 전망 좋던 63빌딩의 16층, 우여곡절 많던 광고 회사를 당차게 박차고 나와, 고작 오래된 빌라의 방 한편으로 출근을 하고 있는 셈이다.

제법 예쁘게 꾸민 이 공간을 보면 멋진 프리랜서 라

이프가 펼쳐질 것 같지만…… 일이 없다. 회사 생활을 하던 습관이 아직 남아있어 아침만 되면 눈이 떠지는데, 일이 없다. 그러면 슬리퍼를 질질 끌고 내 자리에 와서 앉는다. '음, 오늘은 무슨 일을 하면서 하루를 탕진해버릴까?' 하고 생각한다.

이 공간을 꾸미기 시작한 것도 딱히 일이 없어서였다. 출근이 없어진 삶은 좀 어색했고, 늘 과제가 주어지던 삶에서 벗어나니 막상 뭘 해야 할지 몰랐다. 일은 없고, 인스타에 예쁜 사진은 올리고 싶고……. 마침 집주인이 내게 마음대로 인테리어를 하라며 고양이에게 생선을 맡겼다. 그때부터 나의 당근 생활이 시작됐다.

하나둘 홈오피스를 꾸밀 물건을 데려오던 날, 바로 앞 빌라에서 거울 하나를 그냥 내놓겠다고 했다. 반려견이 거울 틀을 다 물어뜯어서 못 쓰니 공짜로 가져가라고 했다. 앗, 그럼 그거 저한테 버리세요. 반짝 유행했던 폼 거울로 변신시킬 작정이었다. 유튜버들이 폼을 칙칙 뿌리기만 했는데도 퐁글퐁글 스타일리시한 거울이 완성된 걸 보고 똥손인 나도 호기롭게 도전한 것이다.

열심히 폼을 뿌리고 있는데, 한쪽이 좀 비어 보였

다. 그래서 그쪽에 또 뿌리고 보니, 음 다시 굵기가 안 맞는 기분. 왔다 갔다 하며 폼을 뿌리다 보니 거울의 2배만 한 폼 괴물이 탄생해버렸다. 예쁜 건지, 못생긴 건지 판단이 안 서서 쳐다보고 있었는데 빌라 집주인 아주머니가 한마디 툭 던지고 지나가셨다.

"어머 새댁, 그 흉한 건 뭐야?"

아, 못생긴 게 맞았구나. 못생긴 폼 괴물을 들고 올라와 홈오피스 한쪽에 배치해주었다. 울퉁불퉁, 굵기도 제각각인 이 거울이 제법 주인과 닮았다는 생각을 했다. 거울을 만들고 나니 오전이 다 지나갔다. 오늘 내 오전 업무는 폼 괴물 만들기였다. 뿌듯했다.

왁자지껄 점심 먹던 동료들 없이, 집밥을 차려 먹는다. 좋아하는 예능 하나 틀어놓고 천천히 밥을 먹는다. 내 점심시간은 가끔 3시간이 훌쩍 넘어가기도 한다. 따뜻한 차 한 잔 끓여서 책상에 앉는다. 사람들은 뭐 해먹고 사나, 뭐에 재미를 느끼나, 나는 뭘 보면서 웃고 있나 하며, 가고 싶은 곳, 경험해보고 싶은 것, 그간 해보고 싶었던 일들을 찾는다. 내 오후 업무는 내일 하고 싶은 일 찾아내기다.

가끔은 '너 이러려고 퇴사했니?'라는 생각이 들 때

어차피 일할 거라면 원하는 일 할게요

도 있었다. 하지만, 이 시간들에는 분명 힘이 있다. 아무 조건 없이 하고 싶은 일만 찾아 하루를 채워도 행복하게 잠들던 어린 시절처럼. 다시 그때의 호기심 에너지를 채워가는 중이다. 나를 돌보며 재밌는 하루를 회복하다 보면, 풀충전된 내가 나를 어디론가 데려가주지 않을까 하는 무모한 믿음이기도 하다.

아무도 내게 업무를 요청하지 않는 나 혼자만의 사무실. 오로지 나만이 나에게 지시하고, 내가 행동만 하면 뭐든 이뤄질 수 있는 곳. 이곳에서는 지금껏 해오지 않았던 일, 내 발과 손이 이끄는 일, 쓸데없는 일, 하지만 길을 잃은 나에게 가장 필요했던 일을 하나둘씩 했다. 회사라는 울타리를 박차고 나온 8개월 동안 나는 매일 집으로 출근했다. 그간 돌보지 못했던 집을 가꾸며, 사실은 나를 가꿨다. 일을 핑계로 널부러져 있던 집 곳곳을 치우고 닦고 새로운 이름도 달아줬다. 이곳에서 나도 새롭게 다시 피어나는 것 같았다. 직장은 없지만 집으로 출근해 집 가꾸는 일은 하고 있으니 '집장인'이라는 나름의 직무도 붙여줬다.

통상적인 기준에 따르면 사회에 나와 일을 시작한 지 5년까지를 초년생이라고 한다. 사회초년생 딱지를

떼던 해, 나는 이리도 부산스럽게 집에서 초년의 페이지를 정리했다. 괴물 같은 폼 거울을 만드는 것도, 이렇게 글을 쓰는 일도, 새로운 사람들을 만나 재밌는 프로젝트를 벌이는 것도, 아무 일 없이 방에 와서 유튜브만 보다가 퇴근을 하는 것도, 모두 나를 위해서 했다. 사실 나의 가장 큰 울타리는 회사가 아니라 내가 가꾸는 나였다는 것을 알려주고 있었다.

이유 있는
외출

아침마다 누군가의 똥을 위해 집을 나선다. 내가 누군가의 배변을 위해 집을 나선다니. 한 번도 해본 적 없는 이 일을 6개월째 매일 하고 있다. 30년간 내가 집을 나서는 이유는 학교에 가거나, 회사에 가거나, 친구랑 놀러 가거나, 남자친구를 만나거나, 운동을 위해 나서는 것 등 나를 위한 이유뿐이었는데 말이다.

눈치챘겠지만 이 똥의 주인은 우리 집 강아지 '응구'다. 이 녀석은 내가 퇴사를 하고 새로운 집으로 이사를 한 순간부터, 실외 배변견으로 노선을 바꿨다. 집에서는 끙끙 참는다는 얘기다. 어쩌면 주인이 집에 있는 시간이 많아졌으니, 이 핑계로 더 밖에 나가 놀 작정이었는지도 모르겠다.

이런 이유로 나는 아침마다 응구를 산책시키러 나간다. 아침 산책을 하며 마주하는 풍경은, 6개월 전 광고 회사로 출근하던 풍경과는 아주 다르다. 내가 주로 가는 산책로는 어느 아파트 단지 앞에 크게 펼쳐진 숲길인데, 이 숲길로 가기 위해서는 초등학교를 지나, 횡단보도를 지나, 아파트 단지 앞을 지나야 한다.

이 세 관문을 통과할 때 만나는 사람들은 대부분 뛰고 있다. 아이들은 가방을 메는 둥 마는 둥 하고는 와악- 소리를 지르며 학교로 우두두 뛰어간다. 단정한 옷차림을 한 어른들 역시 헐레벌떡 지하철로 뛴다. 나는 응구의 똥을 위해 뛴다. 인도나 지하철이 나 있는 방향과 정확히 반대인 숲길로 뛰는 젊은 사람은 흔치 않다. 이 풍경은 반년이 지나도 어색하다. 불과 6개월 전에는 나도 회사 지각 체크를 면하기 위해 지하철로 뛰었는데 말이다.

산책로 중반쯤에 다다르면 응구가 시원한 배변 활동을 한다. 경사진 산책로 때문에 그의 똥이 아래로 데굴데굴 굴러간다. 나는 빠르게 배변 봉투를 꺼내 그의

어차피 일할 거라면 원하는 일 할게요

똥을 줍는다. 오늘도 쾌변이구나. 뜨뜻하고 두둑한 배변 봉투를 손에 쥐면 산책의 목적은 어느 정도 달성한 것이라 볼 수 있다. 하지만 그는 한층 더 상쾌한 기분으로 신나게 달리고 싶어 한다. 그렇게 커다란 귀를 휘날리며 산책로 꼭대기로 올라가면 시에서 설치한 운동기구가 있는 공터가 나온다.

아침부터 부지런히 운동기구에 매달려 있는 할아버지, 할머니들이 보인다. 6개월쯤 되니 나를 알아보는 어르신들도 제법 계신다. 강아지끼리는 이미 친구를 먹어 서로 끼잉 끼잉 대며 냄새를 맡는다. 마주치는 이들과 가볍게 인사를 나누고는 나만의 비밀 장소로 향한다. 산책로는 총 네 가지 길이 있는데, 그중 한 길로 쭈욱 올라가다 보면 커다란 원형 광장이 하나 나온다. 이곳이 바로 나의 비밀 정원.

사방이 나무로 둘러싸여 있고, 앉을 수 있는 원형 벤치를 쭈욱 마련해둔 광장에 들어서면 왠지 모를 안정감이 든다. 나는 벤치 어딘가에 앉아 하늘을 쳐다본다. 나무들이 동그랗게 벽을 치고 있어 하늘이 원형으로 보인다. 나는 매일 이곳에 나와 반짝이는 하늘, 흐린 하늘, 구름 많은 하늘, 새가 지나가는 하늘, 학교 방송

이 들리는 하늘을 관찰했다. 오늘 자 하늘의 관찰이 끝나면 눈을 감는다. 기도를 한다. 한숨을 크게 들이마시고 내쉰다. 풀 냄새와 아침 냄새가 마스크로 들어왔다가 내 숨과 같이 빠져나간다. 멀리서 보면 약간…… 제정신이 아닌 사람 같다. 그렇지만 너무 자유롭다. 할머니, 할아버지들은 나를 별로 신경 쓰지 않기 때문이다.

어김없이 아침 산책을 나간 어느 날이었다. 그날은 유독 힘든 아침이었다. 퇴사 후 5개월 정도면 내가 가는 방향의 답을 찾을 수 있을 줄 알았는데, 가면 갈수록 헷갈리기만 했다. 좋은 타이틀을 가진 회사의 입사 제안은 나를 솔깃하게 했다. 멋진 프로젝트들은 그 앞에 나의 이름을 걸고 싶게 만들었다. 외주를 받고, 강연을 다니고, 좋은 제안을 받는데도 가슴이 너무 답답했다.

무엇을 하고 싶은지 두 손으로 파헤쳐 찾아보기에는 내 손에 쥔 게 너무 많았다. "이런 제안이 들어왔는데 할까요? 말까요?"를 양손에 두고 고민하는 데 진을 다 빼고 있었다. "그거 말고 진짜 네가 하고 싶은 거 찾으려고 나왔다면서?"라고 내가 말했다. "하지만 아무것도 안 하면 너무 불안하지 않을까?"라고 또 다른 내가 답했다. "누가 등을 떠민 것도 아니었어. 지금 그 일 할 거면 회사에 있을 때랑 다를 게 뭐야?"라고 반문했다. 맞아. 사실은 알 거 같았다. 내가 진짜 하고 싶은 건, 진짜 하고 싶은 건⋯⋯.

"어이 새댁!"

우렁찬 외침에 눈을 번쩍 떴다. 옆 기둥에 묶어 둔 응구의 목줄이 풀렸다. 목줄을 늘어뜨리고 어느 할아버지에게 달려가 흙발로 바지를 다 더럽히고 있는 똥강아지 응구가 보인다. 나는 자리에서 벌떡 일어났다.

"앗, 죄송해요."

"허허, 괜찮어. 어려 보이는데 뭐 하는 사람인고?"

그 질문에 그만 말문이 막혔다. 저 이것저것 하는 사람인데, 아직 고민하는 중이고, 그게 뭐 딱 답이 내려진 건 아닌데, 음, 회사는 안 다니고⋯⋯. 그래서 그냥 "개 산책시키는 사람인데요"라고 대답했다. 할아버지는 "하유, 누가 그걸 몰러? 허허" 하며 웃으셨다. 나도 너스레를 떨며 같이 웃었다.

아침마다 누군가의 똥을 핑계 삼아 집을 나선다. 사실은 나를 만나러 나가는 셈이다. 늘 그렇듯 나를 위한 일이다. 응구를 데려온 것도, 회사를 나온 것도, 아침에 산책을 가서 기도를 하는 것도, 이렇게 글을 쓰는 것도. 누군가의 배변을 위한다고 말했지만, 사실 나의 직면을 위한 일이다. 나에게서 시선을 들어 다른 것들로 시선이 향하면 내면이 무르익은 거라던데, 나는 언제쯤 누군가를 위해 집을 나서는 일을 할지 궁금하다.

산책로 비밀 정원에서 나보다 남의 기도를 더 많이 쏟아내는 날이 올까. 진심으로 그랬으면 좋겠는데, 아직은 그 누군가를 찾는 기도를 한다. 이유와 목적을 찾는 기도를 한다.

벌써 시계는 아침 7시 반을 지나고 있다. 집을 나설 시간이다. 오늘도 어딘가로 뛰어가는 사람들을 스쳐 지나가며 나는 반대로 뛴다.

누군가의 똥을 위해, 실은 나를 만나기 위해.

어차피 일할 거라면 원하는 일 할게요

*** 퇴사 당시 썼던 글을 그대로 실었다. 반려견 응구와의 산책이 사실은 나를 만
나러 가는 과정이었음을 깨달았던 그때의 기억을 오롯이 간직하고 싶어서.

2 $\longrightarrow$

담장을 넘는 너에게
| 갭이어 가이드

퇴사가 유행처럼 번진다. SNS 피드를 몇 번 내리다 보면 퇴사 후에 자신이 얼마를 벌었고, 스마트 스토어로 경제적 독립을 이뤄냈다는 이야기나, 디지털 노마드의 자유로움과 프리워커들의 재밌는 일 이야기를 다룬 글들을 아주 쉽게 접할 수 있다. 그들의 이야기를 가만히 듣다 보면 어느샌가 나도 할 수 있을 것 같은 자신감이 차오른다.

"그래, 나도 언제까지고 회사에 다닐 순 없는 노릇이지. ○년간의 조직 생활을 졸업하고 내 일을 해보는 거야!"

하고 무작정 나오면 안 된다. 원래 잘 되는 사람들의 콘텐츠는 조회 수가 높은 편이다. 안 되는 사람들의 이야기는 세상 밖으로 나오지 않을뿐더러 용기 있게 꺼내놨다고 하더라도 관심을 받기가 어렵다. 원래 꿈과 희망을 주는 이야기가 더 달콤한 법이니까. 그런 거 나도 참 좋아한다. 그렇다. 나는 겁도 없이 그 달콤한 물결에 뛰어들어 본 워커다. 자신이 좋아하는 일만 잔뜩 하며 먹고사는 크리에이터가 되고 싶은 워커.

'크리에이터creator'와 '워커worker'의 차이는 무엇일까. 창작자와 노동자라고 바꿔 말하면 좀 더 쉽다. 내가 만들어내는 그 무엇으로 먹고사는 사람과 누군가의 것을 만들어 주는 것으로 먹고사는 사람. 어떤 일의 형태가 더 가치 있다고 우열을 매길 순 없다. 명확히 분리하기도 어렵다. 나는 여전히 누군가의 것을 만들어주며 밥을 벌어먹고 있으며, 그 과정에서 얻은 무언가로 나의 것을 만들어내며 간식도 사 먹을 수 있게 됐으니까.

그러나, 행복하게 일하는 방법이 분명히 있긴 했다. 그것은 조직의 유무와는 상관이 없었다. 내가 내린 답은 크리에이터처럼 일하는 워커가 되거나 워커처럼 일하는 크리에이터가 되는 것. 워커와 크리에이터, 둘 다가 됐을 때 노동은 분명 더 행복해진다. 워커의 태도가 내게 주어진 일을 더 효율적이고 효과적으로 완수하는 것이라고 한다면, 크리에이터의 태도는 이 일의 주인이 나라는 인식을 바탕으로 내 생각과 관점을 적극적으로 투영하며 일에 임하는 자세를 말한다. 결국, 일하는 이가 행복해지려면 두 가지의 자세가 모두 필요하다.

나는 이 단순한 이치를 깨닫지 못했다. 나는 워커처럼만 일하는 워커였다. 그저 내게 주어진 이 일을 잘 해내고 싶었고, 일을 잘해서 성과를 내고 싶었고, 결론적으로 남의 인정을 받고 싶었다. 내가 만들어낸 일에도 남의 인정에

중독되어 나의 인정은 뒷전이었다. 그러다 보니 내가 해놓고도 내 것이라 여겨지지 않는 작업물이 많았다. 경력과 경험을 쌓아오면서 할 줄 아는 것은 많아졌는데, 정작 남이 정해준 목표와 결과를 위해서만 달린 셈이었다.

이제는 일이 남고 내가 사라지는 노동이 아닌, 나와 일이 같이 성장하는 선순환을 찾고 싶었다. 그래서 이러한 고민에 대한 답을 찾았다던 담장 너머 사람들의 이야기에 자연스레 귀가 커졌다. 퇴사 후 1년의 직업 실험을 한 사람, 청소 일을 시작한 일러스트 디자이너, 프리랜서를 위한 에이전시를 만든 사람까지. 계속해서 새로운 일의 형태에 도전하고, 나답게 먹고사는 사람들의 이야기를 들으며, 나도 내 일의 성질을 바꾸고 싶었다.

주어진 일이 아닌 내가 좋아하고, 잘해서, 기꺼이 고통을 감수하고도 하고 싶은 일. "경제적 자유를 이뤄도 이 일을 할 건가요?"라고 묻는 말에 주저 없이 "네"라고 답할 수 있는 일. 아침에 눈을 떠서 출근하는 게 고역이 아닌, 일을 하러 가는 길이 설레는 삶. 판타지 같지만 그런 일을 찾고, 나다운 일과 삶의 터전을 가꾸며, 삶의 대변자로서 당당해지고 싶었다.

그렇게 나는 그해 4월 과감히 담장을 넘었다. 잘 다니던 회사에서 퇴사했다는 얘기다. 담장을 넘은 사람들 중 다시 회사로 돌아간 사람도 있었고, 출판사나 와인 바를 차린 사람도 있었다. 결과의 모양은 다르지만, 이들의 공통점은 용기 있게 자신의 삶 속에서 원하는 일을 찾기 위해 다양한 실험을 해봤다는 것. 그렇게 나도 이들처럼 8개월간 '나만의 일'을 찾는 여정을 떠났다.

원하던 분야의 사이드 프로젝트를 월마다 벌였다. 해보고 싶던 새로운 콘텐츠를 창작하고, 다양한 외주 의뢰를 처음으로 홀로 소화해보기도 했다. 만나고 싶던 분들을 찾아가 조언도 구했고, 프리워커들의 네트워크를 만들기도 했다. 그렇게 시간이 지나자 점차 새로운 세상이 열렸다. 전에는 알지 못했던 삶의 다양한 레퍼런스를 찾았고, 그간 나조차도 몰랐던 나 자신에 대해 깊이 알게 됐다. 스스로를 어떻게 세상에 내던져야 하는지, 나는 어떤 메시지를 품고 있는지 셀프 프로듀싱하는 시간을 거치며 내가 가고 싶은 방향을 찾을 수 있었다. 내가 어떤 일을 좋아하는지, 어떤 일을 할 때 시너지가 나는지, 앞으로 어디로 어떻게 나아가야 하는지 알 수 있었다.

그렇게 내가 원하는 일을 찾고, 주인이 된 자세로 임하니 나와 일이 동반 성장하기 시작했다. 전과는 확실히 달

어차피 일할 거라면 원하는 일 할게요

랐다. 내가 이루고자 하는 일의 방향성에 맞는 조직을 찾게 됐고, 현업에서, 사이드에서 배우는 모든 일과 삶의 인사이트가 원형의 시너지를 그리며 성장하기 시작했다. 현재는 내가 쓰고 기획하고 만든 글, 영상, 서비스 등 모든 아웃풋의 크리에이터이자, 더 나은 방식과 결과물을 낼 수 있는 방법을 고안하는 워커로 살아가고 있다.

모두에게 담장을 넘으라는 얘기가 아니다. 이 사람이 담장을 넘어 기웃거린 다양한 길들과 시도들을 보고 실마리를 얻었으면 하는 바람이다. 나처럼 유달리 '내가 원하고, 좋아하고, 잘해서, 즐겁게 시간을 보낼 수 있는 일을 업으로 삼고 싶은 사람'이라면, 지금 그런 일을 찾아 헤매고 있다면, 나보다는 조금 덜 아프고, 조금 더 빠르게 원하는 길에 진입할 수 있도록 도와주고 싶어서 이 로드맵을 만들었다. 어디에서 무슨 일을 하든 기꺼이 당신이 원해서 하고 싶은 일을 하고 있기를 바라며. 모든 일의 주인이 되는 크리에이터로, 지금보다 더욱 충만한 워커로 스스로 성장하기를 바라며.

달리기를
멈춰 서던 날

"퇴사하겠습니다."

"갑자기? 어디로 이직하는데?"

"지금은 딱히 가고 싶은 곳이 없어서요. 밖에서 하고 싶은 콘텐츠 일 좀 해보려고요."

"언제까지 하고 싶은 것만 하면서 살 건데? 커리어도 좀 생각해야지."

무슨 소린가. 나는 커리어를 너무 생각해서 탈이다. 하고 싶은 일이 본업이길 바라는 덕업일치 정신 때문에 이렇게나 피곤하다. 4년을 다닌 회사를 퇴사하면서 이직을 할 생각도, 앞으로 뭘 해야겠다는 계획도 없었다. 하고 싶은 일은 어딘가 있는 것 같은데, 그게 무엇인지, 어디로 가야 되는지 정말 몰랐기 때문이다.

우선 달리기를 멈춰야만 했다. 이대로 뛰다간 다른 길이 있는 줄도 모른 채 숨만 가빠질 거라는 걸 스스로 알고 있었다. 이미 턱 끝까지 숨이 차올라있는 상태이기도 했다. 자신 있게 퇴사를 외쳤지만, 속으로는 망했다고 생각했다. '퇴사를 하고도 하고 싶은 일을 찾지 못하면 어떡하지?', '원하는 일을 찾지 못한 채 거지가 되면 어떡하지?' 하는 불안감이 넘실거렸다.

퇴사를 고민하던 시점에는 매일 퇴근길마다 엄마와 친구에게 전화를 걸었다. 나도 내가 무슨 일을 하고 싶은지 모르겠다며 애처럼 엉엉댔다. 대체 무슨 대단한 일을 하겠다고 이토록 갈망하며 고통스러워하는지 나조차도 답답했다.

한때는 동료들과 기분 좋게 바람을 가로지르며 달릴 때도 있었다. 5년 반 동안 두 곳의 회사에서, 새로운 업무를 하고, 배우고, 성장하고, 성과를 낼 때마다 스스로 잘하고 있다며 나를 다독였다. 동료와 상사에게 칭찬을 들은 날이면 뛸 듯이 기뻤다. 클라이언트에게 불려 가 나와 일하고 싶어서 우리 회사에 일을 맡겨 왔다는 과분한 얘기를 듣기도 했다. 스스로 제법 괜찮은 직장인이, 일 잘하는 동료가 되어가는 것 같아 뿌듯했다.

그러나 문득 고개를 들었을 때, 방향을 상실한 채 정신없이 달리고 있는 나를 발견했다. 앞은 캄캄했고, 뒤에서 밀어주던 타인의 인정이 더 이상 나의 동력이 되지 못했다. 관성적으로 뛰고 있는 다리와 영혼 없는 눈, 생각만 많은 머리, 그리고 답답할 만큼 가득 차오른 숨. 이런 상태로 회사를 오갈 때마다 몇 가지 질문들이 따라다녔다.

'나는 지금 어디로 뛰어가고 있는 걸까? 이대로 쭉 앞만 보고 달리면 그 끝에 나는 뭐가 되어있는 거지? 내가 되어있고 싶은 모습은 뭐였더라? 내가 뭘 하며 살고 싶었지? 나 정말 이대로 살아가도 괜찮을까?'

이 많은 고민들에 답을 찾아가겠다고 결심하던 날, 나는 달리기를 멈췄다. 그날 알 수 있었다. 나는 언제까지라도 내가 하고 싶은 일을 좇아갈 사람이라는 걸.

*****

10년 뒤의
너는

"10년 뒤 너는 어떻게 되어있고 싶어?"

다들 스스로에게 이런 질문을 받아본 적 있는지 궁금하다. 평범한 어느 날, 막 아침 7시 반을 지난 출근길 지하철에서 내가 나에게 이 질문을 물어왔다. 지하철이 뚝섬유원지를 지나고 있을 때였다. 이 구간에서는 모두가 자연스레 창밖을 보게 된다. 그도 그럴 것이 회사에서는 모니터만 보고 있으니까. 직장인들에게는 이때가 그나마 환할 때 바깥 풍경을 볼 수 있는 아주 귀한 시간일 것이다. 지하철이 역에 들어서고 빛이 반

전되는 순간, 내 푸석해진 얼굴이 창에 비쳤다. 깜짝이야. 그때 내가 나에게 말을 걸었다.

10년 뒤
너는 어떻게 일하고 싶어?

처음 떠오른 생각은 '이놈의 지옥철 없는 삶 좀 살아보고 싶다'였으나, 좀 더 건설적인 대답으로 정리해보자면 이러했다. '원하는 시간에 원하는 프로젝트를 하며 살고 싶다'는 것. 나중에 이 개념이 '프리에이전트free agent'로 일하는 방식이라는 사실도 알게 됐다. 이 시기 내가 가장 많이 보던 콘텐츠는 유튜브 채널 '요즘 것들의 사생활'이었는데, 그 속에 등장하는 사람들처럼 살고 싶다는 생각을 했다. 자신이 하는 일과 삶의 방향을 정립한 채로, 의문 없이 앞으로 나아가는 사람들. 10년 뒤엔 나도 꼭 그러고 싶다는 생각을 했다. 그게 어떤 일이든 말이다.

10년 뒤
너는 무슨 일을 하고 있을 건데?

10년 뒤에 무슨 일을 할지는 모르겠다. 하지만, 지

어차피 일할 거라면 원하는 일 할게요

자신이 하는 일과 삶의 방향을 정립한 채로,

의문 없이 앞으로 나아가는 사람들.

10년 뒤엔 나도 꼭 그러고 싶다는 생각을 했다.

그게 어떤 일이든 말이다.

금 당장 해보고 싶은 일은 많았다. 이 고민을 하던 당시에는 광고 회사에서 브랜드의 스토리와 광고 크리에이티브를 짜는 제작 일을 하고 있었는데, 더 자유로운 포맷으로 콘텐츠의 영향력이 강력한 오리지널을 제작해보고 싶은 마음이 제일 컸다. 나의 삶에 지대한 영향을 준 콘텐츠들처럼, 나도 누군가에게 그런 울림을 주는 콘텐츠를 만들고 싶었다. 예를 들면, 브랜드의 이야기를 다큐멘터리로 만들거나, 웹예능과 웹드라마, 영화 등 그 형태가 무엇이든 브랜드로 여겨질 만큼 가치 있는 다양한 콘텐츠를 프로듀싱하고 싶었다.

그러면,
지금 상태에서 쭉 10년을 일하면 저렇게 일할 수 있어?

깊이 고민해보니 답은 명확히 '아니오'였다. 내가 하고 싶은 저 일들을 지금 하지 않으면 10년 뒤에도 할 수 없다는 것을 깨달았다. 분명 이 일을 시작할 때까지만 해도 멋진 CD(크리에이티브 디렉터)가 되거나 CMO(최고 마케팅 책임자)가 되는 것을 선망했다. 물론 되면 좋겠지만, 당시의 우선순위는 조금 달랐다. 언제 올지도 모르는, 내가 원하는 일을 이대로 잠자코 기다

어차피 일할 거라면 원하는 일 할게요

릴 순 없다고 생각했다. 그걸 잘할 수 있을지, 아니면 원래 하던 일이 맞을지는 모르겠지만, 적어도 지금 하고 싶은 일을 해보면서 내가 원하는 업과 삶의 방향을 찾아가야 한다는 생각이 들었다.

그러면,
지금 너는 뭘 해야 하지?

내 선택은 무소속으로 한 해를 살아보는 것이었다. 자발적인 방학을 선택한 백수 혹은 프리랜서라고 이해하면 쉽다. 나는 내게 실컷 시행착오를 겪을 기회를 주기로 했다. 하고 싶은 방향의 일을 마음껏 해볼 수 있는 기회. 환상이 깨질 수도 혹은 현실이 될 수도 있는 그런 기회. 뭐, 유치원 때부터 서른이 되기까지 쉬지 않고 무언가를 했으면 내 인생에 방학을 선물해주어도 괜찮다고 나를 다독였다. 그렇게 지내도 내가 쌓아온 5년 반의 커리어는 사라지지 않을 테니까. 땅에 떨어지는 경험은 결코 없으니까. 이 시기를 통해 나를 더 잘 알게 됐다고, 더 명확한 방향성을 정하게 됐다고, 더 밀도 있게 일하며 삶을 살 수 있게 됐다는 결말을 꼭 들고 오고 싶었다. 그렇게 스스로의 질문으로부터 시작된 나의 방학 숙제는 어떤 결말을 맞게 됐는지 뒤에서 자세하게 풀어보겠다.

어느 날 내가 나에게 말을 걸어온다면, 삶의 중요한 질문을 던진다면, 꼭 스스로와 깊게 잘 대화해보길 바란다. 이 대화는 현재를 점검하는 과정일 수도, 혹은 당신이 원하는 길을 스스로 이끌어주기 위한 레버일 수도 있다. 무엇보다 지금 하는 일의 5년, 10년 뒤의 미래가 내가 원하는 일로 이어질 수 있는지를 생각해보는 것은 방향성을 정하는 데 큰 도움이 된다. 내가 원하는 것이 무엇인지를 알고 있다면, 그리고 현재 내 삶의 패턴을 이어갔을 때의 미래를 그려본다면, 어떤 변화를 주어야 하는지 스스로 답을 해볼 수 있을 것이다.

어차피 일할 거라면 원하는 일 할게요

갭이어 프로젝트
킥오프

갭이어를 갖겠다고 결심한 이유는 이러했다. 5년 반 동안 여러 직무를 경험했고 나름의 능력치도 인정받으며 잘 해왔었는데, 정작 이 능력을 다 합쳐서 '진짜 내가 하고 싶은 일은 뭔데?'에 대한 답이 없었다는 것.

기획하는 일이 재밌었고, 그로 인해 마케팅을 전공하며 마케터로 사회에 발을 들였다. 퍼포먼스 마케팅, 브랜드 마케팅, 미디어 플래닝, 광고 캠페인 기획, 브랜디드 콘텐츠 제작까지. 무엇보다 운이 좋게도 각 업무를 맡을 때마다 좋은 성과까지 이어졌다. 그러니 더 잘하고 싶어서 맡은 일에 몰입하게 됐다.

그런데 돌아보니 내가 일을 '잘'만 해내려고 했지, 이 일들을 통해 '어떤 것을 이루고 싶은지'는 전혀 생각해보지 않았다는 것을 알 수 있었다. 일을 하는 이유나 방향성 없이 내달릴 뿐이었던 달리기는, 업무에 대한 성장 속도가 둔화됐을 때 무엇보다 아프게 나를 찔렀다. 마치 어떤 전공을 하고 싶은지는 모르겠는데, 일단 수능은 잘 봐야 하니까 국어도 영어도 수학도 모두 열심히 한 수험생의 입장이 된 것 같은 느낌이었다(물론 수능은 잘 봐야 한다).

하지만, 연차가 쌓여가는 사회인에게 중요한 것은 '일을 잘 해내는 것'보다 '그 일을 왜 하는지, 그래서 앞으로 어떤 일들을 해내고 싶은지'에 대한 답이었다. '나의 전체적인 방향성 중에 지금 하는 일은 어떤 역할을 해주고 있는지'를 파악하고 정립해가는 것이 무엇보다 필요했던 것이다.

고민 없이 늘 만족스럽게 직장 생활을 하는 사람들은 없다는 사실을 나 역시 잘 알고 있었지만, 나는 지금 하고 있는 일을 내려놓아야만 비로소 나의 길이 보일 것 같았다. 대신 기간을 정해두기로 했다. 그래야 그 안에서 치열하게 답을 찾고자 더 노력할 것이고, 이

어차피 일할 거라면 원하는 일 할게요

후에는 찾은 방향대로 중요한 결정을 한 뒤 다음 단계로 넘어갈 수 있을 테니까.

그래서 나는 8개월의 갭이어를 두었다. 봄에 퇴사를 한 후, 한 해가 다 가기 전에는 어느 정도 윤곽이 정해지길 바랐다. 하고 싶은 방향성을 정한다면, 그에 맞는 사업자를 내고 창업을 하든, 그 일을 잘할 수 있는 회사를 찾아 들어가든, 어떻게든 다음 스텝을 밟을 수 있을 거라고 생각했다. 8개월의 갭이어 끝에는 나는 어떤 모양으로 살고 싶은지, 어떤 일을 하고 있는 사람이 되어있고 싶은지, 어떤 삶을 살 때 나는 가장 행복한 인간인지에 대한 선명한 실마리가 찾아져 있길 바랐다. 정신없이 흘러가는 일터의 시간을 멈추고 내면의 소리를 따라 움직이는 시간을 보내보기로 했다. 그걸 위해 내가 유일한 클라이언트이자 일꾼인 8개월짜리 프로젝트를 벌인 셈이었다.

퇴사를 하며 나는 이 프로젝트의 브리프를 다음과 같이 적었다. "8개월간은 외부 프로젝트와 나의 개인 창작을 통해 앞으로 가고 싶은 업의 방향성을 정하겠다"라고. 일의 목적, 방향성뿐만 아니라 어떤 모양의 삶을 살고 싶은지 그려보는 일은 물론, 이리저리 흔들릴 때마다 치열하게 고민했던 올해의 나를 잘 기억하기 위해 기록도 열심히 해보기로 했다. 그래서 내년에는 이 고민을 기반으로 새로운 시작을 하기로 결심했다. 결과가 어떻든, 지금보다는 조금 더 선명한 자신의 모습을 바라보며 앞으로 걸어갈 수 있는 나이기를 기대하면서.

어차피 일할 거라면 원하는 일 할게요

갭이어 프로젝트 브리프	
기간	• 2021.04~2021.12 / 8개월 동안 무소속으로 지내기
네이밍	• 앤가은의 갭이어 프로젝트 〈잠시 집으로 출근하겠습니다〉
목적	• 내가 일을 하는 이유와 목적을 세우기 • 어디로 향해 가고 싶은지 삶과 업의 방향성 정립하기 • 어떤 모양으로 일을 하며 살고 싶은지 구체화하기 • 10년, 20년 후에도 내가 지속적으로 하고 싶은 일의 　방향성 찾기 • 어떤 내가 되고 싶은지 그려보기
과정	• 다양한 제작 프로젝트 참여 • 마케팅 외주 프로젝트 받기 • 개인 창작을 통해 콘텐츠 크리에이터의 정체성 탐구 　하기 • 모든 과정 중 드는 생각과 배움을 기록하기 • 삶의 다양한 레퍼런스를 쌓기
예상 결과	• 12월에 방향성에 맞는 사업을 시작하거나, 방향성을 　펼칠 수 있는 회사를 결정하기
주의 사항	• 12월 전까지 불안하다고 포기하지 말기 • 8개월은 꼭 자신을 위한 시간으로 보내기

퇴사
필수 코스

눈물의 퇴사식을 마친 다음 날이 됐다. 당장 내일부터 회사를 가지 않아도 된다니! 설레고 짜릿했다. 남들 출근할 때 나는 포근한 침대에 누워 늦잠을 잤다. 내일을 걱정하지 않고 그간 보고 싶던 콘텐츠를 새벽까지 정주행했다. 가고 싶은 곳이 있으면 환한 낮에 얼마든지 갈 수 있었다.

퇴사를 결심하고 말하기까지 수도 없이 시뮬레이션했던 일이었지만, 달콤한 자유를 충분히 만끽하기도 전에 이내 불안함이 찾아왔다. 막상 나의 평일 '9 to 6'를 잡아둔 무언가가 없다는 사실은 느슨하게 좋았고,

오묘하게 불안했다. 그렇게 갖고 싶던 방학 기간을 허투루 날릴 수 없다는 생각에 나는 이 기간에 해야 하는 모든 일들을 리스트업했다.

To Do List

✓ 그간 해왔던 일 포트폴리오로 정리하기

✓ 일을 받을 수 있는 창구 오픈하기
  (언제 어디서 나를 프리랜서로 써줄지 모르니까)

✓ 가고 싶던 전시를 낮 시간에 보러 가기

✓ 남들 일하는 시간에 브런치 가게 가기

✓ 새로 생긴 브랜드 팝업스토어나 핫한 브랜드 매장 오픈런하기

✓ 여러 공간을 돌아다니면서 영감 쌓기

✓ 나의 업무와 창작의 루틴을 설계하기

✓ 꾸준히 매일매일 운동하기

✓ 내가 프리랜서 상태임을 공표하기

✓ 새로운 마케팅 및 콘텐츠 외주 프로젝트 수주하기

✓ 만나고 싶은 사람들 리스트업하기

✓ 만나고 싶은 사람들에게 콜드 메일cold mail(제안 메일) 보내기

✓ 프리워커 모임에 발 담그기

✓ 나만의 프로젝트와 콘텐츠 만들기

✓ 나의 콘텐츠로 퍼스널 브랜딩하기

✓ 다양한 콘텐츠 레퍼런스 많이 쌓기

✓ (작게라도) 스몰 브랜드 만들어보기

✓ 크리에이터로서의 주제와 결을 갖기

✓ 30대에 집중해야 할 일과 비전 미션 세우기

다 써놓고 보니, 하고 싶은 게 너무 많았고 그중 상충되는 요소들이 많았다. 노는 게 먼저일까? 우선 프리랜서로 일을 받는 게 먼저일까? 내 콘텐츠를 기획해보는 게 먼저일까? 아니면 지금 바로 먼 곳으로 여행을 가는 게 맞을까? '일단 퇴사는 했는데, 대체 뭐부터 해야 하지?'라는 고민이 싹트고 있을 무렵, 내가 가장 먼저 해야 할 일에 대한 현답을 tvN 예능 프로그램〈유 퀴즈 온 더 블럭〉에서 찾을 수 있었다.

가수 장기하 씨가 '가만 있으면 되는데 자꾸만 뭘 그렇게 할라 그래'라는 신곡을 낸 직후에 출연한 편이었다. 그는 유재석 씨와 곡에 대한 이야기를 주고받다가, 이 곡의 본질을 유재석 씨도 잘 알고 있는 것 같다며 한 일화를 소개했다.

프리랜서를 선언한 조우종 아나운서가 미래가 너무 막막하고 불안해서 유재석 씨를 찾아가 조언을 구한

어차피 일할 거라면 원하는 일 할게요

적이 있다고 한다. "형님, 저는 앞으로 어떻게 살아야 합니까?" 그때 유재석 씨가 한 대답은 이러했다.

"일단 누워있어."

장기하 씨가 음악적 영감이 떠오르지 않아 고민될 때 이 이야기를 듣고 하루 종일 누워있었다고 했다. 그리고 실제로 많은 도움을 받았다고.

생각해보니 그렇다. 방금까지 뛰던 레이스에서 옆길로 벗어났을 때, 바로 다시 원하는 길로 성큼성큼 뛰는 사람은 없을 것이다. 옆 공터에 털퍼덕 앉아 거친 숨을 고르고, 시원한 물을 마시고, 충분히 땀을 식힌 후, 다리가 저리지 않을 정도가 되면 그때 일어나겠지. 그리고 다시 자신의 레이스를 찾아갈 것이다.

그러니, 어느 길로 가야 할지 도통 모르겠다면 일단 누워보자. 충분히 쉬면서 숨을 고르고 휴식을 만끽하는 시간은 반드시 필요하다. 충분한 쉼이 있어야 나아갈 동력과 에너지를 얻는 법이다. 특히, 방학이 따로 없는 직장인이었다면, 굳이 시간을 내어 스스로에게 방학을 선물해주기로 했다면 꼭 잘 쉬길 바란다. 풀충

To Rest List

- ✓ 누워서 보고 싶던 콘텐츠 몰아보기

- ✓ 시골 마을 에어비앤비에서 나무, 공기, 물, 소리, 바람, 햇빛 다 맞아보기

- ✓ 홀로 여행 다녀오기

- ✓ 남들 일할 시간에 브런치 먹고 가고 싶던 전시 가기

- ✓ 브랜드 팝업스토어 오픈런하기

- ✓ 낮에 한강에 책 들고 나가서 광합성하기

- ✓ 한적한 시간대에 동네 도서관에 가서 원하는 책 쌓아놓고 실컷 보기

- ✓ 건강하고 여유로운 아침 스스로 차려 먹기

- ✓ 하루 세 번 강아지 산책시키기

- ✓ 그간 일하느라 못 만난 사람들 만나서 수다 떨기

- ✓ 관심이 생기는 분야 리스트업하고 스크랩해놓기

- ✓ 만나고 싶은 사람들에게 콜드 메일 보내기

- ✓ 안 해본 취미 생활 3개 도전하기

- ✓ 마음에 드는 운동을 찾고 재미 붙이기

전된 내가 또 다른 새로운 길을 찾아 나설 것이다.

그래서 나는 '해야 할 일 리스트To Do List'에서 '쉼 리스트To Rest List'를 따로 만들었다. 적어도 한 달은 프리

어차피 일할 거라면 원하는 일 할게요

랜서나, 새로운 직업적 탐구를 시작하기보다는 쉼을 위한 시간을 보내면서 나를 충전시키기로 했다. 이렇게 적어두니 초반의 불안감은 잠잠해졌고, 나는 설렘 가득한 갭이어를 시작할 수 있었다.

혹시 당신도 끝없이 달리기만 하는 레이스가 버거워서 멈춰 섰는가. 혹은 주저앉아 있는가. 그렇다면 바로 일어날 생각은 말고, 일단 누워있길 바란다. 숨을 고르며 불어오는 공기의 흐름을 느끼고, 머리 위에 떠 있는 구름의 움직임과 날씨에 따라 다채롭게 변하는 하늘의 색을 잠잠히 바라보며 충분히 땀을 말리길 바란다. 이 시간들은 분명 당신을 다시 일어서게 할 것이고, 원하는 길로 걸어가게 만드는 동력이 될 테니까.

방금까지 뛰던 레이스에서 옆길로 벗어났을 때,
바로 다시 원하는 길로 성큼성큼 뛰는 사람은 없을 것
이다. 옆 공터에 털퍼덕 앉아 거친 숨을 고르고,
시원한 물을 마시고, 충분히 땀을 식힌 후,
다리가 저리지 않을 정도가 되면 그때 일어나겠지.
그리고 다시 자신의 레이스를 찾아갈 것이다.

불안을 이기는
슬기로운 프리 생활

"당분간 프리한다며? 포트폴리오 좀 보내줘."

"제작자라고 들었어요. 포트폴리오 좀 전달 부탁드릴
게요."

"너 미디어 광고 운영하지 않나? 포트폴리오 줘 봐."

'음…… 만들어둔 거 없는데……?'

퇴사 소식을 듣고 나서, 그간 함께 일했던 브랜드 담
당자분들과 주변 사람들에게 이런 연락을 받았다. 갭
이어를 갖는 이유와 시기는 모두 다르겠지만, 만약 이

기간에도 일을 놓고 싶지 않다는 마음이 있다면 꼭 한 번쯤은 프리랜서로 시간을 보내보는 것을 추천한다.

이것은 달콤할 수도, 어쩌면 더 냉정할 수도 있는 프리랜서의 시장에서 내가 그간 해온 일의 경쟁력을 테스트해볼 수 있는 좋은 기회다. 나의 능력치가 시장에서 어느 정도의 위치인지, 내가 어떤 부분을 더 키워야 하는지 등을 알 수 있다. 회사 단위로 만나던 브랜드나 일들을 홀로 독대하며 느끼게 되는 많은 생각과 감정들은 그 자체로 정말 귀한 자산이 될 것이다.

밖에서 일을 해보는 것은, 회사 안에서 일을 하는 동안 내가 어떤 부분에서 갈증을 느껴왔는지, 나는 여전히 이 일이 좋은지 혹은 꼴도 보기 싫은지, 새롭게 해보는 일들 중 가장 재미를 느끼는 일이 무엇인지 등 앞으로 내가 나아가고 싶은 방향성을 찾는 데 아주 좋은 수단이 된다. 무엇보다 갭이어의 불안감을 잠재우는 좋은 수익 창구가 되어주는 것도 무시할 수 없는 큰 동력이다.

그래서 내가 선택한 갭이어의 방식은 일의 대부분은 나만의 프로젝트를 하는 데 쏟고, 일부분은 외주 프로젝트를 받아 진행하는 투 트랙이었다. 수익에 대한 불안감과 기존 일에 대한 미련을 떨치고, 새로운 일에 대한 힌트를 얻는 방식으로 두 가지 일을 모두 병행하는 것은 갭이어 동안 내가 나아갈 방향을 찾는 데 큰 지지대가 되어주었다.

한편, 이 기간에 외부 일을 받지 않는다 하더라도 포트폴리오를 정리하는 작업은 반드시 필요하다. 그간 자신이 해왔던 일을 나만의 언어로 정의하고 갭이어를 통해 하고 싶은 일을 적어가는 것만으로도 고민의 많은 부분이 해소될 수 있으며, 내가 원하는 일의 방향성에 대한 힌트를 얻을 수 있을 것이다.

포트폴리오를 제작할 때는 크게 다음과 같은 순서로 진행하면 좋다.

① 커리어 : 현재 나의 일을 정의해 핵심 문장 만들어 소개하기

② 포트폴리오 : 해왔던 일에 대한 구체적인 결과와 성과, 자신이 한 일 정리하기

③ 원하는 일과 사람 : 해보고 싶던 일과 함께 하고 싶은 사람을 설명하기

커리어 스토리라인
작성법

    모르는 이에게 당신의 포트폴리오가 닿았을 때, 어떤 일을 맡기면 좋을지를 한눈에 알아볼 수 있는 문장이 필요하다. 당시 나는 디지털 마케팅과 콘텐츠 기획·제작에 대한 일을 모두 해왔던 경험을 살려 두 가지 파트의 일을 다 받을 수 있는 문장을 만들었다. 현재 '프리랜서'로 일하고 있다는 것을 한 번 더 짚어 편하게 제안받을 수 있는 상태임을 알리고, 메일과 SNS 등의 커뮤니케이션 창구를 기재했다.

    이어진 커리어 단락에서는 그래서 현재 하는 일이 무엇인지, 경력이 어떻게 되는지 구체적인 이력을 간

략하게 써두었다. 상세 포트폴리오까지 보지 않더라도 이 사람이 어떤 경력을 만들어왔는지, 믿을 만한 커리어를 쌓아왔는지 파악해, 일을 주고 싶은 마음이 들도록 만드는 것이 중요하다.

현재는 새로운 일을 시작하며 많은 부분이 업데이트됐지만, 갭이어 기간에 많은 제안을 받을 수 있었던 포트폴리오 예시를 공개해본다.

안녕하세요. 콘텐츠 제작자이자 디지털 마케터 앤가은입니다. 광고 에이전시에서 미디어 플래닝과 광고를 기획·제작하는 일을 했고요. 브랜드가 사랑받을 수 있는 오리지널 콘텐츠를 기획하고 만드는 일을 합니다. 현재는 프리랜서로 일을 하고 있어요. 다양한 업무 및 브랜디드 제안을 환영합니다.

✉ higaeun1023@gmail.com
💬 Instagram | brunchstory | Facebook | YouTube

Career

🤏 현재 하는 일
- 현재는 프리랜서 제작자 | 마케터 | 크리에이터(2021.04~)
  늘 어딘가에 소속되어 있던 업무 환경을 잠시 떠나 프리워커로 일하고 있습니다.
- 웹오리지널 콘텐츠, 브랜디드 콘텐츠, 광고 캠페인 기획 및 제작
- 브랜드 디지털 미디어 플래닝 및 운영
- 브랜드 크리에이티브 및 미디어 전략 컨설팅
- 스몰 브랜드 및 퍼스널 세계관, 스토리텔링

📁 SIDE PROJECT
- 유튜브 오리지널 콘텐츠 제작자 겸 크리에이터
- 필름 에세이 〈앤가은 일과집〉 뉴스레터 운영
- 홈워커 매거진 1.ZIP(일집앨범) 에디터, 오하우스 시즌 5 멤버
- 뉴미디어 기록클럽 〈일단기록〉 커뮤니티 운영장
- 프리랜서 커뮤니티 〈월간프리〉 운영진
- 그 외) 브런치스토리, ㅍㅍㅅㅅ 집필진, 헤이조이스 커뮤니티 펠로우

📑 그간 해온 일
- 디지털 광고 에이전시(2017.05~2021.04 / 4년)
  - 그로스팀 미디어 플래너: 광고 캠페인 미디어 플래닝 및 운영
  - 캠페인 제작 크리에이티브 매니저: 광고 캠페인 기획·제작
- 핀테크 스타트업(2016.01~2017.04 / 1년 4개월)
  - 브랜드 마케터, 퍼포먼스 마케터: 핀테크 스타트업 브랜드 및 퍼포먼스 마케팅

Creative planner

브랜드와 퍼스널 IP의 크리에이티브 전략을 짜고 실행하는 콘텐츠 기획자 겸 마케터. 브랜드의 오리지널 스토리와 세계관을 빌딩하고, 오리지널 콘텐츠를 만듭니다.

✉ higaeun1023@gmail.com

💬 Instagram | brunchstory | Facebook

Career

📶 현재 하는 일(2022.04~)
- 엔터 콘텐츠 플랫폼사에서 오리지널 콘텐츠 기획과 마케팅을 합니다.
- 브랜드와 퍼스널 IP의 오리지널 스토리를 개발하고, 크리에이티브 플래닝을 합니다.

📁 SIDE PROJECT
- 엔터 콘텐츠 커뮤니티 〈콘텐츠는 핑계고〉를 운영합니다.
- 스몰 브랜드 비즈니스를 위한 크리에이티브 및 미디어 전략 컨설팅을 합니다.
- 커리어, 기록, 브랜딩, 콘텐츠에 관한 글을 기고하고 워크숍을 운영합니다.

📚 그간 해온 일
- 엔터사 오리지널 스토리 사업부 콘텐츠 마케터(2022.01~2022.04)
  - 엔터사 오리지널 스토리 사업부 콘텐츠 기획, 마케팅, 미디어 플래닝
- 프리랜서 콘텐츠 기획자 겸 마케터(2021.04~2021.12)
  - 브랜드 오리지널 콘텐츠 및 브랜디드 콘텐츠 기획·제작, 브랜드 소셜 미디어 플래닝 및 디지털 마케팅 운영, 소셜 콘텐츠 에디터
- 디지털 광고 에이전시(2017.05~2021.04 / 4년)
  - 그로스팀 미디어 플래너: 광고 캠페인 미디어 플래닝 및 운영
  - 캠페인 제작 크리에이티브 매니저: 광고 캠페인 기획·제작
- 핀테크 스타트업(2016.01~2017.04 / 1년 4개월)
  - 브랜드 마케터, 퍼포먼스 마케터: 핀테크 스타트업 브랜드 및 퍼포먼스 마케팅

상세 포트폴리오:
구체적인 결과·성과·한 일 소개

여기까지 스크롤을 내렸다면, 당신의 포트폴리오를 상세히 살펴보고 협업할 수 있는 일이 있는지 고민하고 있는 이들일 것이다. 나와 상대방이 윈윈win-win할 수 있는 협업이 성사되기 위해서는 내가 해온 일과 할 수 있는 일을 정확히 소개하는 것이 좋다. 상세 포트폴리오에는 그간 회사에서든, 혼자서든, 또는 사이드 프로젝트로 했던 일이든, 그 결과와 성과를 기록하고 프로젝트에서 내가 기여했던 업무에 대한 내용을 기재해두었다.

다양한 직무를 경험해왔던 탓에 할 수 있는 일이 많았던 나는 총 세 가지로 나의 업무 카테고리를 나누었다. 그리고 문제 해결이 필요한 브랜드나 담당자들에게 나는 어떤 방식으로 이를 해결할 수 있는지, 어떤 기술과 역량을 보유하고 있는지 자세히 알 수 있도록 메시지를 세분화해두었다. 가시성이 필요한 콘텐츠 쪽 포트폴리오는 섬네일이 보이는 카드 형태를, 리스트업이 필요한 미디어 업무는 표 형태를 활용했다.

내가 할 수 있는 다양한 업무를 정의하고, 상세한

어차피 일할 거라면 원하는 일 할게요

성과를 소개하니 꽤 믿을만한 프리랜서의 포트폴리오
가 탄생했다.

업무 카테고리별 메시지 세분화	
콘텐츠 기획	브랜드가 직면한 과제를 크리에이티브를 통해 풀어내고 해결합니다. 브랜드의 목적에 맞는 크리에이티브 개발을 위해, 단초를 수집하고 아이디어를 디벨롭합니다. 캠페인 기획, 스토리보드 개발, 프로덕션 핸들링을 합니다.
미디어 플래너	유튜브 광고, 구글 광고, 인스타그램 및 페이스북 등 여러 미디어를 통해 브랜드 보이스를 소비자에게 전달합니다. 캠페인의 목적, 타깃, 잠재 고객을 고려하여 가장 적합한 플랫폼과 광고 상품을 구성하고 심층 타기팅과 노출 빈도 등 세분화된 광고 운영을 진행합니다. 효율적인 광고 운영을 통해 미디어 퍼포먼스를 높입니다.
유튜브 크리에이터 및 브랜디드 콘텐츠 제작	(유튜브 크리에이터 및 브랜디드 콘텐츠 제작자를 찾는 분들께는 이 메시지를 보여주게끔 설계했다.) 프리랜서의 일상을 유튜브로 연재하는 크리에이터입니다. 광고 제작자의 경력을 살려 채널 안에 브랜드·제품이 보여지는 브랜디드 콘텐츠를 제작하거나, 별도의 바이럴 필름을 직접 기획·촬영·출연·진행·편집합니다.

원하는 일과 사람을 모으기:
Work together!

기존에 해왔던 일을 설명하고, 외주를 받기만 한다면 그것은 '프리랜서'로의 전향일 것이다. 하지만 '갭이어' 기간에는 내가 해보고 싶었던 일을 도전적으로 해보면서, 자신의 방향성을 탐색하는 일을 해야 한다. 개인적으로 이 기간에 나는 내가 만들고 싶은 오리지널 콘텐츠와 창작물 작업을 많이 시도하길 원했고, 이를 같이 할 사람을 찾고 일을 구한다는 메시지도 함께 적었다. 이 메시지를 적을 땐 정말 연락이 올까 싶었는데, 10명 정도 되는 사람들과 연결되어 사이드 프로젝트를 시작할 수 있었다.

저를 필요로 하는 분, 연락해주세요

✓ 브랜드 스토리텔링 / 브랜디드 콘텐츠 기획·제작이 필요해요.

✓ 오리지널 콘텐츠 및 바이럴 필름 기획·제작이 필요해요.

✓ 브랜드 크리에이티브 플래닝, 소셜 캠페인 에디터가 필요해요.

✓ 디지털 미디어 광고 세팅·운영·컨설팅이 필요해요. (*유튜브)

✓ 유튜브 콘텐츠 / 디지털 마케팅 강연자가 필요해요.

✓ 기록을 꾸준히 하고 싶은데 어려워요.

　　　　　　어차피 일할 거라면 원하는 일 할게요

제가 필요로 하는 분, 함께해주세요

- ✓ 독립자로 나만의 일을 하고 있는 프리워커분들을 찾아요.

- ✓ 콘텐츠 제작 TF(촬영·편집·디자인 후반 작업 TF)를 모집해요.

- ✓ 스몰 브랜드의 스토리텔링에 관심 많으신 분을 찾아요.

답장을 부르는
러브레터의 비결

    자유인이 된 후 이전과 달리 가장 많이 시도했던 것은 바로 '새로운 사람'을 만나는 일이었다.

    회사에 소속되어 있던 5년 반 동안은 '일을 하고 있다'는 것이 좋은 핑계였다. "어느 회사에 다녀요", "어느 회사에서 무언가를 하는 사람이에요"라고 나를 소개하기도 수월했으니까. 굳이 어딘가에 가지 않고도 주어지는 새로운 프로젝트와 그로 인해 연결되는 브랜드 담당자들, 대표들의 이야기를 듣고 동료들과 다양하게 논의하고 얘기할 수 있었다.

    하지만, 울타리를 과감히 뛰어넘고 나와 천천히 사

방을 둘러보니 막막하기 그지없었다. 뻔뻔하게 갭이어 프로젝트의 PM Project Manager이 되겠노라 세상에 공표했지만, 가만히 방 안에 틀어박혀 내가 어디로 향해 가고 싶은지 고민하며 내 업과 삶의 방향성을 정하는 일은 말도 안 되게 고통스럽고 어려운 일이었다.

나는 이것도 좋아하고, 저것도 잘하는데. 퇴사하기 전엔 분명 이런 일들을 해보고 싶었던 것 같은데. 이 일이 지금 내가 할 수 있는 게 맞을까? 먼저 연락이 오는 일들이라도 우선 잡아야 하나? 이런 고민들이 눈덩이가 되어갈 때쯤, 나는 직접 나에게 울타리 밖으로 나올 용기를 준 사람들을 만나야겠다고 결심했다.

퇴사를 고민하던 시기, 내가 가장 많이 봤던 콘텐츠는 유튜브 채널 '요즘 것들의 사생활'이었다. '요즘 것들의 사생활'은 세상이 말하는 정답이 아닌 나다운 정답을 찾아가는 '요즘 것들'을 만나 삶의 다양한 길을 제시하는 크리에이티브 스튜디오다. 그 안에 등장하는 사람들은 모두 자기 일과 삶에 대한 방향과 기준이 선명했다. 낮에는 일러스트레이터, 밤에는 청소부로 일하는 작가, 만화 덕질을 하다 덕후 잡지를 만들어 억 소리 나는 돈을 벌었다는 작가, 번아웃이 와서 갭이어를 보내고 있는 기획자, 여행을 다니며 노마드로 일하는 프리랜서 등 보편적이고 선형적인 커리어가 아닌 자신의 삶의 기준과 일에 대한 방향이 '자신이 좋아하는 것들로 가득 찬' 사람들의 이야기는 나의 마음을 가장 크게 울리곤 했다.

인맥이 중요하다거나, 남에게서 정답을 얻으라는 얘기는 결코 아니다. 다만, 나보다 앞서 자신만의 길을 걸어가는 사람들의 이야기를 레퍼런스 삼는 것은 중요하다. 저마다의 이야기 속에 내 이야기를 찾을 실마리가 숨어있을 테니까. 선명하게 자신의 이야기를 그리고 있는 사람들은 도대체 어떤 생각으로, 또 어떤 기준으로 자신의 업과 삶의 방식을 만들어갔을까? 지금은 어떤 선택을 하고 있으며, 부단히 그 방향성을 유지하며 나아가기 위해 어떤 식으로 노력하고 있을까? 나는 그 방법을 알고 싶었다.

찾아가 자문하고 싶은 사람들을 하나둘 떠올려보았다. 프로젝트로 연결됐던 프리랜서 마케터분, 여성 커리어 커뮤니티 플랫폼인 헤이조이스를 통해 연락을 주고받았던 엔터사 마케터분, 클럽하우스에서 만났던 웹영화 제작사 대표님, 페이스북에서 글을 자주 받아

콜드 이메일 보내는 TIP

콜드 메일 보내는 정석적인 방법들이 많지만, 가장 중요한 핵심은 내가 상대방을 왜 만나고 싶은지, 그게 상대방에게는 어떤 의미나 혜택으로 받아들여질 수 있는지, 상대방의 활동에 어떤 영향을 받고 있었는지 등을 포함한 나의 진심 어린 마음을 전달하는 것이다.

✓ 나에 대한 명확한 소개(이전 경력, 포트폴리오 링크, 발행한 콘텐츠 링크도 함께 전달)

✓ 내가 현재 어떤 활동 중이며, 어떤 고민과 생각으로 연락하게 됐는지 설명

✓ 상대방이 내게 시간을 내어준다면, 나는 상대방에게 어떤 가치를 줄 수 있을지 제안

보던 크라우드 펀딩 PD님, 이제 어엿한 실장이 됐다던 포토그래퍼 동생, 새로운 창업을 시작한 조직 문화 컨설팅 회사의 대표님, 오랜 기간 알고 지냈던 마케팅 학회 선배들, 그리고 프리랜서로 활발히 활동 중인 동료 디자이너까지……

만나 뵙고 싶은 분들이 많이 떠올랐지만, 냉정하게도 내가 만나고 싶은 사람들이 내게 귀한 시간을 내어줄 이유는 딱히 없었다. 나는 어떻게 해야 나에게 시간을 내어줄 마음이 들게 만들지를 먼저 생각했다. 내가

가진 경력이나 경험을 소개한 후, 현재 어떤 도전을 하고 있는지, 어떤 부분에서 고민이 많은지, 상대방의 경험과 이야기가 나에게 어떤 영향을 미칠지, 시간을 내어준다면 나는 어떤 것을 드릴 수 있는지 등에 대해 진정성 있는 고민과 도움의 요청을 적절히 섞어가며 콜드 메일을 보냈다. 겸손하고 정중하게, 그러면서도 나를 만나는 시간이 헛되진 않을 것이라는 당당한 제안을 곁들인 덕에 많은 분들이 흔쾌히 커피챗Coffee Chat*을 수락해주었다.

아직도 이 기간에 나를 만나주고, 도움의 손을 뻗어준 분들께 감사 인사를 드린다. 그래서 나 역시 그들을 도울 수 있다면 내 모든 능력을 활용해서 돕는다. 내게 도움을 청하는 요청이 올 때도 대부분 그들의 손을 잡아준다. 반 발짝 앞서 나간 누군가의 한마디, 생각, 경험을 나누는 것만으로도 어떤 사람에겐 인생의 큰 방향을 정할 수 있을 만큼 터닝 포인트가 될 수 있다는 것을 아니까.

---

* 주로 스타트업이나 IT 기업의 채용에서 보이는 문화로, 평소 궁금했던 업계 종사자를 만나 간단한 티타임을 가지면서 커리어 경험 및 업계 관련 정보를 나누는 짧은 미팅을 뜻한다.

어차피 일할 거리면 원하는 일 할게요

레퍼런스를
찾아서

용기를 낸 덕분에, 나는 이 기간에 만나고 싶었던 많은 분들과 연결될 수 있었다. 자신이 어떻게 지금의 업과 방향을 정할 수 있었는지, 최근 자신이 바라보는 업에 대한 생각은 어떠한지, 삶의 기준이 어떻게 변화됐는지 등에 대해 자세히 들려주는 감사한 분들 덕분에 다양한 삶의 레퍼런스를 많이 모을 수 있었다.

누군가의 이야기를 깊게 듣고 오는 날이면, 내가 가진 사고의 틀이 깨지고 세상이 넓어지는 기분이 들었다. 이 기간에 나에게 가장 큰 영감이 됐던 한 가지를 꼽는다고 한다면, 그것은 생생하게 움직이며 앞으로 나아가는 사람들의 이야기였다. 그러니, 이 기간엔 용기를 좀 더 내서 만나고 싶던 많은 분들을 만나보기를 강력히 추천한다.

새로운 사람들을 만나는 건 만남 그 자체로도 아주 큰 영감이 되지만, 새로운 일들과 연결되는 기회가 되기도 했다. 클럽하우스에서 만난 어느 영화 제작사 대표님을 통해 새로운 드라마 제작 TF에 참여할 수 있었다. 커리어 커뮤니티에서 만난 엔터 업계 마케터에게서는 엔터테인먼트의 일과 업에 대한 자세한 얘기를 들을 수 있었다. 10년째 매거진 에디터로 일하는 친구 및 F&B 마케터와는 작은 인터뷰 프로젝트를 함께 하기도 했다. 그 외에도 프리랜서 커뮤니티를 통해 다양한 산업에 종사하는 이들을 만나며, 그들 각자가 가진 일에 대한 태도와 철학을 귀담아 들었다. 그렇게 점차 업을 대하는 나만의 기준도 자리 잡아갈 수 있었다.

귀감이 되는 조언들이 정말 많았지만, 그중 가장 내 마음에 콕 박힌 구절이 있었다. 판교의 한 식당에서 마케팅 학회 선배님을 만난 자리였다. 퇴사를 하고 자발적 방황을 하고 있다는 후배에게, 선배는 구체적인 조언을 하기보다 삶을 바꿀 수 있는 중요한 이야기를 하

어차피 일할 거라면 원하는 일 할게요

나 들려주었다.

"가은아, 그거 아니? 사람을 바꾸는 방법은 딱 세 가지뿐이라는 거. 시간을 달리 쓰거나, 사는 곳을 바꾸거나, 새로운 사람을 사귀는 것. 이 세 가지가 아니면 사람은 잘 바뀌지 않는다고 해. 갭이어 기간에는 네가 원하는 삶을 사는 사람들, 새로운 사람들을 만나보고, 또 새로운 환경에서 다양한 경험을 해봐. 전과는 분명 달라져 있을 거야."

선배가 들려준 건 일본의 경제학자 오마에 겐이치 Omae Kenichi가 했던 말이었다. 관심이 가 좀 더 자세히 찾아보니, 놀랍게도 그 문구의 끝에는 지금 나에게 가장 중요한 문장이 있었다.

"인간을 바꾸는 방법은 세 가지뿐이다. 시간을 달리 쓰는 것, 사는 곳을 바꾸는 것, 새로운 사람을 사귀는 것. 이렇게 세 가지 방법이 아니면 인간은 바뀌지 않는다. 새로운 결심을 하는 건 가장 무의미한 행위다."

이 문구는 '원하는 업의 방향성'을 찾겠다는 새로운 결심을 했으나, 이 기간에 시간을 어떻게 쓸지, 환경을 어떻게 바꿀지, 새로운 사람은 어떤 기준으로 어떻게 만날지에 대한 계획이 없던 나를 돌아보는 큰 계기가 되어주었다. 이후에 나는 차근차근 내 시간의 루틴을 만들고, 새로운 홈오피스를 꾸리고, 새로운 프로젝트를 만들며 많은 사람들과 연결될 수 있었다. 그리고 이 변화들을 통해 내가 어떤 삶을 살고 싶었는지, 어떤 일이 하고 싶었는지 점점 선명해지는 경험을 했다.

어쩌면 '자기계발'이라고 하는 주제를 가장 본질적으로 관통하는 문구가 아닐까 감히 생각해본다. 삶을 이루는 세 가지 요소를 내가 원하는 길 위로 끌어다 놓

새로운 변화를 결심했다면, 꼭 물어보아야 할 체크 리스트

원하는 삶의 모습: _____

✓ 그래서 어떻게 시간을 다르게 사용할 것인가요?

✓ 그래서 어떻게 환경을 바꿔갈 것인가요?

✓ 그래서 어떻게 새로운 사람을 만날 것인가요?

어차피 일할 거라면 원하는 일 할게요

기만 한다면, 그걸 내가 컨트롤 할 수 있게 된다면, 거기서부터 진짜 변화가 시작되리라 믿는다.

나의 일과
남의 일 사이

　가열차게 만들어놓은 노션 포트폴리오 덕분에 조금씩 외주 제안이 들어오기 시작했다. 초반에는 여러 브랜드를 상대로 홀로 미팅을 하는 일도, 프로젝트의 예산을 받고 팀을 꾸리는 일도 새롭고 재밌었다. 아침에 눈을 뜨면 새로 제안이 들어온 메일은 없는지, 어제 보낸 컨설팅 자료에 대한 클라이언트의 피드백은 없었는지를 체크했고, 내일 있을 브랜드 워크숍을 위해 밤새 강의 자료를 만들었다. 그러다 신규 브랜드의 미팅이나, 웹영화 팀과의 회의 시간이 되면 부리나케 옷을 챙겨 입고 미팅 장소로 뛰어갔다. 촬영이 있는 날이면

카메라를 담은 무거운 가방을 들고, 서울 곳곳은 물론 제주도나 여러 지방을 오가며 감사한 바쁨을 즐겼다.

이 경험은 내 삶에서 '회사'가 사라진다 해도, 홀로 생존하며 여러 사람들과 연결되어 일을 할 수 있다는 확신을 만들어주었다. 하고 싶은 일이 있다면 적극적으로 내가 원하는 일을 알리는 것, 무슨 일을 할 수 있는지, 내가 누구인지를 소개하는 것, 함께 일하고 싶은 사람들에게 먼저 손을 뻗는 것, 회사의 보호막 없이 오로지 나의 실력만으로 일을 따내고 피드백을 받아보는 것, 그리고 나의 업무적 몸값을 스스로 매겨보는 것까지…… 이 기간에 나는 회사에서 얻기 힘든 배움을 많이 얻을 수 있었다.

하지만 문제가 발생했다. 나를 찾아오는 대부분의 외주 프로젝트는 내가 그동안 해왔던 '기존 경력과 업무에 기반한 일'이었다. 이는 다시 말해, 외부에서 주는 기존의 일로 나의 하루를 채우면 결국 직장인 시절의 '9 to 6' 모습과 다를 것 없는 삶이라는 뜻이었다. 단지 이제는 회사에 출근하지 않을 뿐. 자유로운 직장인이 된 느낌이랄까. 무언가 잘못됐다고 생각했다. 나보다 먼저 갭이어를 가졌던 선배에게 찾아가 조언을 구하니, 아주 현명한 기준점을 제시해주었다.

"그 일들은 회사로 돌아가서도 할 수 있는 거 아니야? 이 기간엔 그동안 못 해봤던 경험을 더 해봐. 네가 진짜 하고 싶었지만, 회사에 시간이 묶여있어서, 자유롭지 못해서 시도하지 못했던 일들. 클라이언트가 있는 일들은 회사에 가서 해도 충분하잖아?"

회사에 가서 할 수 있는 일과 지금밖에 할 수 없는 일. 이렇게 두 가지로 내게 들어오는 일들을 구분하니 지금 이 시간들을 어디에 쏟아야 하는지, 어떻게 분배해야 하는지 심플하게 보이기 시작했다. 외부의 일로 '기존의 일'에 대한 생각을 정리하는 것은 사실 갭이어의 부수적인 목적이었다. 내가 주체가 되어 만드는 일, 즉 사이드 프로젝트나 창작을 통해 나를 더 깊게 탐구하는 것이 주된 목적이었는데, 또 습관처럼 주어진 일에 최선을 다하는 내가 앞서버린 것이었다. 이 기간에는 '프리랜서'라는 정체성보다는 '자아 탐구가'에 무게를 더 두고서, 어떤 프로젝트를 하고 또 시간은 어떻게 쓸 것인지 정리하기 시작했다.

어차피 일할 거라면 원하는 일 할게요

반드시 기억하면 좋을 갭이어의 팁은 다음 두 가지다.

① 회사에서 할 수 있는 일을 이 기간에 풀타임으로 채울 필요는 없다.

② 어떤 일을 하는지도 중요하지만, 어떤 일을 거절하고 하지 않을 것인지 선택하는 것도 아주 중요하다.

갭이어 기간 중 초반에 설정한 갭이어의 목적과 과정이 다른 흐름으로 간다는 생각이 든다면, 초기에 썼던 브리프를 다시 꺼내 보면 좋겠다. 내가 정한 갭이어의 정의와 목적이 무엇이었는지 다시 상기시켜 볼 필요가 있다.

갭이어의 사전적 정의는 '잠시 하던 일을 중단하고 봉사, 여행, 진로 탐색, 교육, 인턴, 창업 등의 다양한 활동을 직접 체험하여 이를 통해 향후 자신이 나아갈 방향성을 설정하는 시간'이라고 한다. 어떤 활동도 괜찮으니 '자신이 나아갈 방향성을 설정하는 시간'이라는 것을 잊지 않고 충분히 건강한 갭이어를 보내길 바란다.

갭이어 1분기 점검

- ✓ 초반에 세웠던 갭이어 목표와 활동들을 해나가고 있나요?

- ✓ 조급함과 불안함으로 '나에 대해 탐구하고 사색하는 시간'을 또 놓쳐버리고 있진 않나요?

- ✓ 자신이 주체가 된 프로젝트를 해나가고 있나요?

- ✓ 만약 비중 조절이 필요하다면, 현재 진행하고 있는 일 중 어떤 일을 덜어내야 할까요?

어차피 일할 거라면 원하는 일 할게요

나라는
최고의 클라이언트

충분히 나를 탐구하는 시간을 갖기 위해서는 '남이 아닌 내가 주체가 되는 일'의 비중을 늘릴 필요가 있다. 내가 선택한 방법은 한 달에 딱 하나의 외주 프로젝트만 받은 후, 그 외 시간에는 그간 내가 하고 싶었던 콘텐츠 창작에 집중하는 것이었다. 설령 그 일이 돈이 안 되는 일일지라도, 내가 나를 고용한 클라이언트라는 생각으로 나에게 셀프 프로젝트를 부여했다. 저마다 원하는 사이드 프로젝트의 주제는 다르겠지만, 나는 오리지널 콘텐츠 기획자로의 방향 전환을 꿈꾸고 있었기 때문에 이 기간에 새로운 콘텐츠를 꾸준히

내가 정한 갭이어 프로젝트의 대주제
✓ 나만의 콘텐츠 주제를 찾기, 퍼스널 브랜딩하기 　　→ 결과: 크리에이터와 창작자로서의 주제와 방향성 찾기 ✓ 비전과 미션을 새롭게 정의하고, 30대에 집중해야 할 일 찾기 　　→ 결과: 오랫동안 하고 싶은 업의 방향성 찾기

만들고 기록하는 일을 첫 번째 프로젝트로 정했다.

　나만의 콘텐츠 주제를 찾는 것은 자신을 알아가는 데 큰 도움이 된다. 당시 나는 "콘텐츠를 만들고 싶은데 어떤 주제로 해야 할지 모르겠어요"라는 질문을 달고 살았는데, 자신이 어떤 분야에 진심인지, 앞으로 어떤 메시지를 갖고, 전하며 살고 싶은지 파악한다면 실행은 아주 다양한 방법으로 전개될 수 있다. 여러 시행착오를 겪었지만, 자신의 콘텐츠를 만들기 가장 쉬운 방법은 다음 세 가지를 융합해 우선 '시작'해보는 것이었다.

① 남들이 시키지 않아도 내가 가장 많이 생각하고 들여다보는 분야와 관심사 (주제)

② 평소에 이렇게 나도 해보고 싶다고 생각한 사람들의 콘텐츠와 레퍼런스 (벤치마킹)

③ 가볍게 꾸준히 결과물로 만들어낼 수 있는 형태 (실행 방안)

처음부터 주제를 뾰족하게 찾아내긴 어렵다. 이럴 땐 마인드맵을 활용해 내가 가진 키워드들을 확인해보는 것이 좋다. '나'를 가운데 두고, 나라는 사람을 어우르고 있는 모든 키워드를 써보는 것이다. 스무 장 정도의 노트를 찢어버린 뒤에야, 나열한 키워드들을 통해 내가 다른 사람에 비해 다음과 같은 것에 관심이 많다는 것을 알 수 있었다. 오리지널 콘텐츠, 콘텐츠 프로듀싱, 브랜드 공간, 홈인테리어, 독립자, 프리워커, 덕업일치, 일, 퍼스널 브랜딩, 에세이, 글, 필름, 영상, 일상 기록, 브랜드 프로그램, 디저트, 꾸준한 기록, 자기발견, 가구, 스몰 브랜드, 출판 등등. 마인드맵의 키워드를 유지하거나 삭제하면서 나를 대표하는 단어들을 꾸준히 가꿔보길 바란다. (주제)

언제나 나의 마음을 움직이게 만드는 사람들은 모두 '자신의 업'에 대한 이야기를 콘텐츠로 풀어내는 이들이었다. 음악을 만드는 뮤지션, 가구를 만드는 목수, 글을 쓰는 작가, 자기 브랜드에 진심인 마케터, 새로운 일을 시작하려는 자영업자, 여행을 즐기는 탐험가, 일상을 기록하는 유튜버까지. 모두 자신이 집중하고 있는 분야에 대한 절절한 애정과 덕질이 묻어나는 사람들이었다. 무너지고 일어서는 과정에서 해왔던 고민의 흔적을 솔직하게 꺼내놓는 그들의 이야기를 참고해 나의 경우에 적용해보며 내게 가장 잘 맞는 결의 콘텐츠는 무엇일지 계속해서 실험을 해나갔다. (벤치마킹)

벤치마킹을 하다 보면 깨닫게 되는 게 하나 있다. 우리가 레퍼런스로 삼는 그들은 꾸준히 세상에 자신의 창작물과 메시지를 꺼내놓는다는 것. 썩 만족스럽지 않아도, 누군가의 평가가 좋지 않아도 자신의 발전을 위해 끊임없이 결과물을 만든다는 공통점이 있었다. 갑자기는 없었다. 결국 시간이 축적되고 자신에 대해 더 명확히 알게 되면서, 시너지가 나는 단계에 이른 사람들은 대개 '벤치마킹'의 대상이 된다. 누군가는

어차피 일할 거라면 원하는 일 할게요

그것을 뉴스레터로 썼고, 또 누군가는 브런치에 연재했으며, 다른 이는 유튜브나 팟캐스트로 자신의 메시지를 전했다. 중요한 것은 이들 모두 '무언가를 꾸준히 만드는 사람들'이라는 사실이다. (실행 방안)

결과적으로 나는 위에 나열한 '주제(키워드) - 벤치마킹(레퍼런스) - 실행 방안'을 결합해 하나씩 사이드 프로젝트를 만들었다. 예를 들면, '기록'이라는 키워드를 고른 후 다른 사람들은 기록으로 어떤 활동을 하는지 살펴보았다. '사람들에게는 이런 프로젝트가 필요할 것 같은데?', '나는 이 키워드로 무엇을 얻고 싶은 걸까? 어떤 결과가 있었으면 좋겠지?'라는 질문에 하나씩 대답하다 보면, 그것이 곧 이 키워드로 진행할 나만의 사이드 프로젝트 내용이 됐다.

내 경우 '기록'이라는 키워드로는 '기록 습관을 기르는 것'이 목표였다. 내가 다른 사람들에게 어떤 것을 줄 수 있는지 살펴봤을 때, 상대적으로 시간이 많은 내가 사람들이 기록을 지속할 수 있도록 푸시하는 모더레이터moderator 역할을 할 수 있다고 생각했다. 미디어는 린하게 기록할 수 있는 인스타그램으로 선정했고, 내용은 '꾸준하고 건강한 기록 체력을 기르는, 일단기록 커뮤니티'로 정했다. 이후에 사람을 모으는 것은 쉬웠다. 이 목적에 공감하고 같은 결과물을 원하는 인물들이 자연스럽게 손을 잡아주었다.

그 외에도 나로부터 파생된 키워드와, 나를 움직이게 만드는 사람과 콘텐츠, 내가 쉽게 결과물을 낼 수 있는 미디어를 활용하여 다양한 프로젝트를 전개했다. 감히 말하건대, 나는 이 셀프 프로젝트를 통해 내가 어떤 일을 하고 싶은지, 사회와 어떤 상호작용을 하고 싶은지, 어떤 영향을 미치며 살고 싶은지, 내 업의 대주제는 무엇인지 등 넥스트 스텝까지 탄탄하게 정할 수 있었다. 자신을 탐구하는 가장 좋은 방법 중 하나로 나는 '셀프 프로젝트'를 꼭 해보는 것을 추천한다. 결국 내가 나를 어디로 데려갈지는 나만 알 수 있다.

어차피 일할 거라면 원하는 일 할게요

뉴미디어 바다에
띄운 편지들

　"어떻게 짧은 시간에 그렇게 많은 콘텐츠를 만들어요?"라는 질문을 받은 적 있다. 남들의 눈에는 조금 전 인스타그램에도 포스팅을 하나 올렸는데, 브런치에도 글이 올라오고, 잠시 후 유튜브에도 영상이 올라오는 것처럼 느껴졌을 것이다. 하지만 나는 그렇게 부지런한 창작자는 아니다. 다만, 미디어를 잘 활용하는 방법을 알고 있을 뿐.

　원 소스 멀티 유스one source multi-use라는 말을 들어본 적 있는지 모르겠다. 하나의 소스와 콘텐츠로 여러 유형의 활동을 전개하는 방식을 뜻하는데, 보통은 영화

나 IP 비즈니스를 전개할 때 이와 같은 전략을 사용한다. 하지만 나는 여기서 개념을 빌려와 나에게 적용해봤다.

플랫폼에 에세이를 연재했을 당시, 나에게 오디오북을 내보자고 연락해온 곳이 있었다. 내가 쓴 글을 직접 성우가 되어 녹음해볼 수 있었던 귀한 경험이었다. 당시 나는 갭이어 프로젝트의 과정 대부분을 글과 영상으로 기록하며 지냈기 때문에 '오디오 에세이 프로젝트에 참여한 경험'에 대한 리뷰 역시 영상으로 만들어보기로 기획해두었다.

우선 현장에서 내가 오디오 녹음을 하는 영상을 '원소스'로 확보했다. 이후 나는 이 원 소스를 활용하여 유튜브 영상을 만들었고, 유튜브 영상 중 1분 정도의 구간을 잘라 인스타그램에 업로드했다. 이때 자동으로 페이스북에도 게시되도록 연동해두었고, 이에 관한 경험을 인스타그램에 올린 콘텐츠보다는 좀 더 자세하게 풀어서 유튜브 링크와 함께 브런치에도 올렸다. 즉, 한 가지의 경험을 총 4개의 미디어에 4개의 콘텐츠로 업로드한 셈이다.

이렇게 뉴미디어를 적극적으로 활용하면서, 나는

어차피 일할 거라면 원하는 일 할게요

갭이어 동안 많은 동료 및 새로운 클라이언트와 연결될 수 있었다. 내가 지금 쓰고 있는 이 책의 출판사 담당자분도 내가 발행한 어떤 콘텐츠를 보고 나를 발견했을 것이다. (감사하다.) 만약, 새로운 일을 받아야 하는 프리워커이거나, 이제 막 갭이어를 시작한 분들이 있다면 나는 꼭 '뉴미디어의 파도'를 최대한 잘 활용하라는 말을 전하고 싶다.

내가 발행한 나의 생각과 글, 나의 경험과 인사이트, 나의 사진과 영상들은 바다에 띄운 하나의 '유리병 편지'와도 같다는 생각을 한다. 뉴미디어 세상에서 내가 띄운 편지들은 알고리즘의 파도를 타고, 어디에서는 나와 함께 일할 동료를, 또 어딘가에서는 내게 일을 줄 클라이언트를 만나게 해준다. 그러니 당장 답이 없더라도 되도록 자주 편지를 띄웠으면 좋겠다. 내가 다른 일을 하고 있는 사이, 뉴미디어에 띄운 편지가 나보다 더 멀리 나아가 나 대신 새로운 길을 찾아주고 있을지도 모르는 일이니까.

셀프
프로듀싱

프로듀서_{producer}

영화, 연극, 방송 등에서의 제작 책임자.

작품의 기획에서 완성까지의 일체를 통할함.

제작자, 연출자라고도 한다.

'프로듀싱'에 관한 이야기를 해볼까 한다. 우리가 '프로듀서'라고 부르는 사람들은 대개, 음반·아티스트·아이돌 그룹·영화·오리지널 콘텐츠 등을 기획하고 제작하는 사람들이다. 그래서 보통 아이돌 그룹을 만든 기획사의 대표나 음악을 프로듀싱하는 아티스

트, 영화감독, 콘텐츠 제작자 등이 프로듀서로 불리곤
한다. 이들은 대부분 어떤 음악, 인물, 브랜드, 콘텐츠
의 가치를 발견하고, 여러 분야의 전문가들을 조율해
서 그 가치가 더 빛나게 만드는 역할을 한다.

　2장의 내용만 보면 마치 나는 갭이어 기간 내내 매
일 같이 생산적인 활동을 해온 사람 같겠지만, 결코 그
렇지 않다. 주어진 시간의 반은 절망하고, 무너지고,
좌절하고, 자조하며 보냈다(물론 여기에는 나의 게으름도
한몫했다). 나는 무너져 있을 때마다 속으로 이렇게 생
각했다. '아, 누가 나 좀 데려다가 내 가능성도 알아봐
주고, 세상에 어떤 영향력을 미치며 살아야 하는지도
알려주고, 도대체 어떤 일과 활동을 하며 사는 게 나에
게 딱 맞는 건지 인생 프로듀싱 좀 해주면 좋겠다. 미
디어에 나오는 저 사람들이 참 부럽단 말이지.'

　9년의 연습생 시절을 거쳐 데뷔한 아이돌, 뒤늦게
연기의 재능을 발견해 40대에 배우로 전향한 선생님,
등단이 안 되어 뉴스레터로 본인의 글과 노래를 연재
하다가 소속사가 생긴 가수 겸 작가, 만화를 그리다가
독특한 일상이 화제를 모아 예능인이 되어버린 웹툰
작가, 작사로 돈을 벌다가 현재는 예능 프로그램의 진

행자나 라디오 DJ가 되어 다양한 활동을 펼치는 작사가까지. 내게 부러움을 사는 이들은 그들의 새로운 가능성을 발견해주는 누군가를 만났다. 물론 그전에도 그들의 재능과 능력이 출중했다는 사실에는 의심의 여지가 없지만, 프로듀서를 만나고 나서 페르소나와 메시지가 더욱 분명해졌으며, 본인만의 서사와 스토리가 생겨났던 것이다.

꼭 엔터 산업에 종사하는 사람이 아닐지라도 누구나 한 번쯤은 내 인생을 프로듀싱해주는 멋진 디렉터를 만나길 꿈꿔본 적이 있을 것이다. 물론 그런 사람은 만나기 어렵다. 어쩌면 평생 만나지 못할지도 모른다. 하지만 나를 가장 잘 알고, 나를 가장 사랑하며, 비로소 내가 원하는 길로 프로듀싱해줄 수 있는 사람이 내 가까이에 있었으니, 그것은 바로 나 자신이다.

이때부터 나는 '셀프 프로듀싱'에 대한 개념을 스스로에게 적용해보기 시작했다. 나는 모두가 자기 자신의 프로듀서가 되어야 한다고 생각한다. 특히 갭이어를 보내며 앞으로 어떻게 나의 삶을 전개해나갈지 고민하고 있는 사람이라면, 이 기간에는 내가 나의 유일한 디렉터이자 프로듀서라고 생각하고 스스로를 제삼

어차피 일할 거라면 원하는 일 할게요

자의 눈으로 바라보는 훈련을 해봤으면 좋겠다. 프로듀싱이라는 단어가 다소 생소한 개념일 수 있지만, 역할을 쪼개 보면 은근히 쉽게 접근이 가능하다.

프로듀서의 역할은 크게 네 가지로 나뉜다.

① 어떤 브랜드(인물, 콘텐츠, 음악 등)에 페르소나와 콘셉트를 부여하는 것
② 소비자와 대중들로 하여금 이 대상이 어떻게 받아들여지길 원하는지, 반대로 그들에게 어떤 영향을 주길 원하는지 브랜드의 메시지를 짜는 것
③ 해당 브랜드의 활동 전략을 구성하고, 어떤 타깃에게, 어느 시점에, 어떻게 다가갈 것인지 기획하며, 설정한 콘셉트에 맞는 결과물로 꾸준히 커뮤니케이션하는 것
④ 그리고 이 브랜드가 계속 자생하며 살아갈 수 있도록, 위 사항들을 다시 재점검하고 지속적으로 총괄 관리 감독의 역할을 하는 것

나처럼 평범한 사람에게도 이런 과정이, 역할이 필요할까 싶었지만, 나는 갭이어 기간만이라도 나를 프로듀싱해보기로 했다. 나에게 갭이어는 사실상 셀프

프로듀싱 개념을 적용한 첫 번째 프로젝트이자, 프로듀서 데뷔였다고도 볼 수 있겠다.

① 페르소나: 나는 이 기간에 나를 하나의 서사 안에 들어가 있는 캐릭터로 설정했다. 물론 이 서사는 사실에 기반한 것이었지만, 다른 시야로의 접근은 다른 결과를 도출했다. 5년 반 동안 마케팅과 광고 필드에서 일하던 평범한 서른 살 여자 직장인이 무작정 퇴사하고 자신의 업을 찾아가는 '프리 실험 이야기'. 이 사람은 8개월 뒤 갭이어 기간에 쌓은 경험을 바탕으로 (재취업, 창업, 프리랜서 등) 새로운 의사결정을 할 예정이다. 그것은 12월 말에 대공개.

② 콘셉트/메시지: 이 기간 내에 직접적인 메시지를 전달한 적은 없지만, 내 콘텐츠와 내가 겪어내는 이 과정을 응원하는 모든 이들에게 '누구든 자신이 좋아하는 일을 찾을 수 있다'고 용기를 전하고 그 방법을 알려주고 싶었다. 무모하게 퇴사를 실행한 사람이라기보다는, '갭이어의 경험이 삶의 자양분이 되어 앞으로 나아가는 한 인물의 모습'이 큰 틀의 콘셉트였다고 볼 수 있다. 디테일하게는, 다양한 관심사를 통해 일과 삶을 주체적으로 연결하고 세계관을 확장하며 일하는 콘

텐츠 크리에이터이자 워커로의 모습을 상상했다.

③ 활동/커뮤니케이션 : 이 기간에 활동한 내역은 뒤에 2장의 끝에 수록된 부록 '앤가은의 갭이어 사이드 프로젝트 6'을 참고해도 좋다. 나는 내가 설정한 오리지널 콘텐츠, 콘텐츠 프로듀서, 크리에이터, 홈인테리어, 홈오피스, 프리워커, 스몰 브랜드, 공간, 기록, 영상, 일상 기록, 필름 등의 다양한 관심 키워드들을 조합해 그에 맞는 활동과 커뮤니케이션을 해나가기 시작했다. 서사가 있는 글은 에세이 레터로 발송했고, 매일 떠오르는 영감과 생각들은 인스타그램에, 한 편의 시나리오 같은 글은 브런치에 업로드했으며, 기록 커뮤니티와 프리랜서 모임을 만들기도 했다. 재미있는 프리랜서의 일상을 기록한 영상은 '앤이웨이' 유튜브에, 감성 다큐멘터리는 '차가은' 유튜브에 올리는 등 각 활동과 잘 매칭되는 미디어를 연결하여 꾸준히 기록을 해나갔다.

미디어의 알고리즘 덕분인지, 나의 콘텐츠를 접한 사람들은 대부분 업에 대해 고민하는 사람들이었다. 그들은 내가 개설한 커뮤니티에 적극적으로 참여해주었으며, 이 갭이어가 끝나는 12월에 내가 어떤 결정을

따뜻한 시선으로 기록하는
차가운 일상 기록집

잠시, 집으로 출근하겠습니다.
〈퇴사한 마케터/PD의 자유노동기〉

하는지 궁금해하며 응원해주기 시작했다. 누군가의 서사를 알게 되고, 얼마나 노력하고 고민하는지를 느끼게 되면, 자연스레 그 사람에게 좋은 결과가 있기를 바라는 마음이 생긴다. 우리가 오디션 프로그램을 볼 때 누군가를 응원하는 것처럼 말이다. 최근 화두가 된 브랜드의 '내러티브 자본'*의 본질은 여기에 있다고 생각한다.

앞서 콘텐츠를 꾸준히 만들어보면서, 자신의 콘텐츠 갈래를 정했다면, 이제 그 콘텐츠를 만드는 당신이 어떤 페르소나로 소비자에게 읽히길 원하는지, 소비자들에게 어떤 메시지와 영향력을 주고 싶은지를 선명하게 정해서 커뮤니케이션을 시도해봤으면 좋겠다.

누군가를 프로듀싱하는 감독이자 그 프로듀싱의 주인공이 되어보면, 생각보다 재밌는 일이 벌어진다.

---

* 《트렌드 코리아 2022》에서 명명한 키워드로, 보이지 않는 내러티브가 막강한 자본의 역할을 수행한다는 뜻이다.

셀프 프로듀싱
가이드

　스스로를 프로듀싱한다는 것은 브랜드의 세계관을 만드는 작업과 동일하다. 중요한 것은 '나'로부터 출발해 '나다운 방향'을 찾아내는 것이다. 처음부터 완벽할 순 없다. 큰 방향성 아래 여러 방법들을 실행해보면서 보다 더 나답게 수정해가면 된다. 결국 그 시행착오마저도 자신의 오리지널 스토리가 될 테니 너무 겁내지 않아도 된다.

　자신이 하나의 브랜드로 존재하고 싶다면 퍼스널 페르소나, 세상에 전하고 싶은 메시지와 가치, 이를 위한 활동 리스트를 정리할 필요가 있다. '퍼스널 페르소나'는 결국 자기 자신을 먼저 자세히 알고 난 후, 그 중에서 강조하고 싶은 것, 개발하고 싶은 요소들을 골라내는 작업이다. 나라는 캐릭터를 조금 더 객관적으로 들여다보자. 자신의 강점, 성격, 관심사, 그간 겪어온 경험, 터닝 포인트, 그러면서 생겨난 자신만의 퍼스널리티에 대한 키워드, 생각, 이미지 등 무엇이든 그려내보는 것이 첫 번째 단계다.

　그다음으로 위와 같은 특징을 가진 브랜드가 여러

어차피 일할 거라면 원하는 일 할게요

단계의 과정을 겪으면서 현재는 세상에 어떤 이야기를 하고 싶어 하는지, 어떤 욕망이 있는지, 어떤 삶의 태도와 철학, 가치를 추구하는지를 찾아가보자. 이 브랜드를 통해 도움을 받을 대상과 그들이 브랜드를 통해 어떻게 변화됐으면 하는지를 찾는다면, 그 내용이 새로운 일을 시작할 때 아주 큰 힌트가 되어줄 것이다. 스스로 찾아가는 게 어렵다면, 제삼자의 이야기처럼 자신의 과정을 나열해놓고 '이 사람이라면 어떤 메시지를 품고 살아갈까?', '세상에 어떤 가치를 줄 때 가장 행복하고 시너지가 날까?' 상상해보자. 이후에 이를 펼쳐가기 위한 방법들은 다양한 레퍼런스를 통해 찾을 수 있다.

퍼스널 세계관 가이드

페르소나(콘셉트)

✓ 어떤 스토리를 지닌 인물(브랜드)인가요? (성격, 성별, 나이, 관심사, 경험 등)

✓ 어떤 역경과 고난을 갖고 있었나요? (혹은 해결해왔나요? 해결하고 싶은 문제가 무엇인가요?)

✓ 세상이 이 인물(브랜드)을 보면서 어떤 것을 얻고, 느끼길 원하나요? (가볍게는 어떤 주제를 생각했을 때 이 인물이나 브랜드가 떠오르기를 바라나요?)

목적과 메시지(가치)

✓ 세상에 전하고 싶은 메시지와 가치는 무엇인가요?

✓ 특정 기간 혹은 생애 전반에서 이루고 싶은 욕망들은 무엇인가요?

✓ 나(브랜드)의 메시지를 통해 도움을 받을 대상은 누구이며, 그들이 나를 통해 어떻게 변화되길 원하나요?

활동(방법들)

✓ 위에서 작성한 브랜드 세계관을 어떤 방식으로 전개하고 싶나요? (예를 들어) 어떤 미디어를, 어떤 주제로, 어떤 주기로, 어떤 콘셉트의 콘텐츠나 아이템으로, 어떤 결과물로 커뮤니케이션할 것인가요?

위의 설명으로도 막막할 수 있으니 다른 예를 하나 더 들어보겠다.

어차피 일할 거라면 원하는 일 할게요

"커머스 플랫폼 티몬의 초기 멤버 출신인 A는 출산으로 인해 퇴사 후 육아에 전념하고 있었다. 매일 아이를 들고 업을 때마다 허리에 통증이 느껴지는 것을 깨닫고, 어떻게 하면 아이를 편하게 업을 수 있을지 고민하다가 새로운 아기 띠를 개발했다. 커머스 회사에서의 경험을 바탕으로 해외 타깃을 먼저 공략해봐야겠다는 판단하에, 초기부터 아마존에 상품을 입점하여 연 매출 200억 원을 달성했으며, 곧이어 새로운 회사를 설립했다. 자신이 경험했던 일과 육아 병행의 문제점을 함께 해결해나가기 위해, 일하는 여성들을 위한 근무 제도를 도입하는 등 엄마와 아이 모두를 위한 회사로 만들어가는 중이다."

먼저 A의 페르소나적 요소들은 커머스 플랫폼의 초기 멤버, 여성, 육아, 퇴사, 경력 단절의 위기, 육아 중 몸의 이상 등이다. 이 요소들이 브랜드의 새로운 욕망, 가치, 태도를 추구하게 만들었고, 결정적으로 좋은 상품을 연구·개발하는 결과를 가져왔다. 퍼스널리티와 시너지가 날 수밖에 없는 전략들이 더 좋은 결과를 만들었으며, 이후 설립한 회사 역시 자신이 경험한 문제들을 함께 해결해나가기 위한 여러 제도들을 도입하고 있다.

예시처럼 자신이 처한 상황, 문제점, 위기, 페르소나를 잘 들여다보면 또 다른 길이 생겨나는 법이다. 또한 대부분의 스토리는 기승전결을 이루고 있으니, 내러티브 요소를 참고하여 자신만의 중단기 이야기를 그려보는 것도 도움이 된다. 이제 당신만의 유일한 프로듀서와 새로운 이야기를 시작해보자.

어차피 일할 거라면 원하는 일 할게요

집을
가꾼다는 것

공교롭게도 4년간 다닌 광고 회사를 퇴사한 4월 봄, 집도 전세 계약이 만료됐다. 자의 반, 타의 반으로 새로운 공간으로 이사를 해야 하는 상황이었다. 앞서 등장했던 '사람을 바꾸는 세 가지 방법' 중 사는 곳을 바꾸라는 조언이 있었는데, 신기하게도 이 문장을 듣기 전부터 나는 나의 새로운 이야기를 펼칠 공간을 찾아나서고 있었던 것이다.

기존 집의 계약을 연장할 수도 있었지만, 자유인으로 8개월을 살아내려면 집에서 일을 할 수 있는 공간이 필요했다. 환경이 나를 바꾸고 삶을 바꿔줄 거라는 저 문장을 본 순간, 나에게는 이사를 해야만 하는 완벽한 핑계가 생긴 셈이었다.

이제 더는 나더러 9시까지 출근하라는 회사도 없으니까, 내가 스스로 출근할 장소를 집에서 마련해보기로 했다. 물론 주로 재택근무를 하는 개발자 남편과 새롭게 식구가 된 반려견 응구와 함께할 공간임을 고려했다.

내가 찾아낸 새로운 집은 특이하게도 큰 방 하나에 작은 방 2개가 합쳐진, 조금 오래된 빌라였다. 거실 없이 방 3개로 구성된 구조가 오히려 집과 일하는 공간을 잘 분리해줄 수 있을 것 같았다. 작은 방 2개는 여느 집처럼 일상생활을 하는 편안한 공간으로, 큰 방은 거실 겸 홈오피스 공간으로 만들기로 했다. 사실 너무 낡기도 했고, 금색 꽃무늬 벽지가 내 눈을 아프게 만들었기에 집의 첫인상은 그리 좋지 않았다. 하지만 반려견을 허락하면서도 이렇게 독특한 구조를 가진 집을 만난 건 정말 행운이었다.

집주인분께서는 원하는 대로 집을 고쳐 살아도 괜찮다고 하셨다. 물론 모든 공간을 고치긴 어려웠지만, 오랜 시간 재택근무를 하는 이 방만큼은 일의 효율과 영감이 솟아나도록 만들어야겠다고 다짐했다. 천장 몰딩과 걸레받이, 창틀, 벽지까지 대부분 셀프로 시공하고, 집을 하나둘 가꿔가기 시작했다.

나는 이 공간이 '일하는 오피스' 느낌이 나길 바랐다. 물론 생활 공간과도 분리되어 있는 구조였지만, 이 공간에 발을 들인 순간, 곧바로 일하는 모드, 영감을 충분히 흡수하고 생산성을 발휘할 수 있는 모드로 바뀌길 바라는 마음이 있었다. 그러다 보니 차가운 스틸 소재의 가구나 조명을 많이 들였다. 마음에 안 들던 브라운색의 창틀과 천장 몰딩도 모두 화이트로 교체했다. 창작자로서 말랑말랑한 분위기를 연출하고 싶을 때는 노란색 조명을 활용했다. 밤이 되면 나는 내 책상 머리 위에 달린 노란색 조명을 켰다.

이 홈오피스에는 이름도 붙여주었다. 이름하여 '일집(@1.zip)'. 뜻은 '일하는 집'이자, 나를 프로듀싱했던 첫 번째 '1집' 앨범이 탄생한 공간이라는 의미를 담았다. 이 시기에 우리 집에 놀러 온 사람들과 일에 관한 이야기를 담는 콘텐츠를 연재했었는데, 이 공간을 줄곧 나의 촬영 스튜디오로도 활용하기도 했다.

이름을 붙여주자 신기하게도 공간이 마치 살아 움

직이는 듯했다. 우리 집은 홈인테리어계의 대장 격인 라이프스타일 플랫폼 오늘의집 메인 페이지에도 소개됐다. 이후 이 공간을 통해 연결된 홈·리빙 관련된 브랜드는 20곳이 넘었다. 우리 집을 대여해서 특정 브랜드의 광고 촬영을 하기도 했다. 불과 몇 달 사이에 광고 기획자에서 광고 촬영 스튜디오의 대여자가 된 기분이 참 오묘했다.

나의 여러 관심 키워드 중 하나인 '홈인테리어'에 물을 주고 조금씩 가꿔나갔을 뿐인데, 어느새 주위에 같은 관심사를 가진 사람들이 모여들었다. 새로운 브랜드와 상상하지 못했던 프로젝트로 연결되고, 오로지 '집'만으로도 전과 다른 일을 할 수 있다는 것이 신선했다. 어떤 대상이든지, 이름을 붙여주고 사랑한다 외치는 것에는 늘 놀라운 힘이 있었다.

자리에서 일하다 조금 쉬고 싶으면, 소파에 누워 작은 창문으로 보이는 하늘을 쳐다보았다. 낮에 내 마음대로 여유를 부리며, 일도 하고 놀 수도 있는 이 시간들이 너무나도 감사해 벅찬 기분이었다. 이렇게 나는 완전히 다른 새로운 환경에서 나만의 방향을 부단히 찾아나갔다. 집에 있으면서도 여러 일들을 효율적으

어차피 일할 거라면 원하는 일 할게요

로 할 수 있도록 환경을 바꾼 셈이었다. 이곳에서 나는 외주 일도 해냈고, 새로운 창작도 했으며, 콘텐츠 기획자로서의 방향성도 확립할 수 있었다. 따스한 햇살을 누리며 책도 읽고, 나의 사랑스러운 반려견 응구와도 많이 놀고 쉬며 일했다.

출퇴근을 하며 직장인으로 살던 5년 반 동안은 늘 '일'에만 모든 에너지가 집중되어 있었다. 인테리어에 관심은 있었지만, 이렇게 시간을 내 나의 환경을 바꾸는 데 에너지를 쏟아본 적은 이번이 처음이었다. 집을 꾸미면서 나의 취향과 새로운 재능을 발견하기도 했다. 이제는 퇴사하고 뭐했냐는 질문에 대한 대답 중

'집 꾸미기'가 큰 무게로 차지한다. 그만큼 일 외에도 삶에서 나를 지탱하는 많은 요소들이 있었다는 것을 알게 됐다는 뜻이다.

여전히 나는 이 홈오피스에 앉아서, 지금의 원고를 마감하고 있다. 내가 있는 공간도 매일매일 나에게 새로운 영감과 메시지를 줄 수 있다는 것. 일과 삶을 건강하게 가꿔나가는 방법은 사실 가까이 있었다는 것. 이러한 사실들을 나는 집을 꾸미며 비로소 처음으로 깨달을 수 있었다. 집을 가꾸는 것은 나를 가꾸는 것과도 같다. 일본의 그 경제학자가 왜 환경을 중요한 요소로 꼽았는지 몸소 알게 되는 시간들이었다. 작게라도 오늘부터 나를 둘러싼 집, 책상, 환경을 가꿔나가 보자. 변화의 시작은 생각보다 가까이에 있다.

24시간의
진짜 주인

하루 24시간이 온전히 나에게 주어졌다는 것은 사실 행복하면서도 두려운 일이었다. 나를 잡아두는 '9 to 6'의 시간 제약이 없어지기만 한다면, 전보다 더 자유롭게 내가 원하는 것을 펼치며 지낼 줄 알았지만, '자유'를 컨트롤하는 것은 게으름이 본성인 인간에게 역시 쉬운 일은 아니었다.

갭이어를 시작한 초반에는 내내 콘텐츠를 시청하며 늦게 잠들었고, 점심을 먹을 때가 되어서야 느지막이 일어났다. 밥을 먹고 자리에 앉으면 오후 2시. 늦게 일어난 하루는, 이상하게 하루 종일 우울하고 능률이 오르지 않았다. 당장 다음 날 마감을 해야 하는 기획안이 있다거나, 일이 몰려있으면 앉은 자리에서 밤을 새워가며 일하는 날도 많았다.

분명 퇴사를 했는데 내가 만든 사이드 프로젝트와 외주 작업 때문에 퇴근이 없는 날도 있었고, 또 일이 없어 출근하지 않는 날에는 놀면서도 괜히 마음이 불안했다. 나의 수면 시간과 생체 리듬은 모두 깨져버린 상태였다. 남들보다 더 자유롭게 시간을 활용할 기회가 주어졌는데도 시간이란 녀석을 내가 잘 컨트롤하지 못해 끌려다니는 기분이었다.

이런 상황을 바꾼 것은 다음과 같은 생각을 갖게 된 이후였다. 퇴사를 했기 때문에 내게 자유가 주어진 게 아니라는 것. 그저 나를 고용한 고용인이 회사에서 나로 바뀌었을 뿐이었다. 나는 내 하루를 통솔하는 주체가 나라는 사실을 반드시 기억하기로 했다.

오랜 시간 나를 데리고 살았지만, 나는 늘 외부적 요인에 나를 맡겨놓고 살았다는 것을 깨달았다. 학교에, 수업에, 회사에, 외주 프로젝트에 나의 하루를 고스란히 맡겨놓고, 이후의 시간은 방관하며 잘 돌봐주지 못하며 살아왔던 것이다.

어차피 일할 거라면 원하는 일 할게요

퇴사를 했기 때문에

내게 자유가 주어진 게 아니라는 것.

그저 나를 고용한 고용인이 회사에서 나로 바뀌었을

뿐이었다. 나는 내 하루를 통솔하는 주체가

나라는 사실을 반드시 기억하기로 했다.

나는 나를 잘 운영하기 위해 사소한 루틴을 정해두었다.

- [ ] 월마다 딱 1개의 외주를 받고, 딱 1개의 사이드 프로젝트를 할 것
- [ ] 오전 9시에 일어나 아침을 챙겨 먹고, 반려견을 산책시키러 나갈 것
- [ ] 오전 10시에 일집에 출근하여 오후 2시에는 퇴근할 것(외주 및 사이드 프로젝트 모두)
- [ ] 오후 2시 이후에는 책을 읽거나, 전시를 가거나, 프리워커들과 모임을 하거나, 미팅을 가거나, 밖으로 놀러 나갈 것
- [ ] 오후 8시에는 1시간 동안 운동을 다녀올 것
- [ ] 오후 9시부터 11시, 창작 영감이 잘 떠오르는 시간대에는 책상에 앉아서 하루에 든 생각을 정리하며 한 줄이라도 적어볼 것
- [ ] 자정 전에는 잠을 잘 것

이후에는 영양제를 언제 챙겨 먹을지, 스트레칭은 하루에 몇 번이나 할지, 저녁 산책은 언제, 어떤 주기로 할지 등 다양한 요소들이 더 추가됐다. 이때 정립

어차피 일할 거라면 원하는 일 할게요

한 시간 관리 루틴은 다시 회사로 돌아가서도, 수업을 들을 때에도 똑같이 적용됐다. 내 하루에 기준을 잡으니, 내가 일을 할 때도, 또는 나가 놀고 있을 때도 마음이 평온했다. 일이 잘되는 시간과 사색이 잘되는 시간을 발견한 후엔, 요리조리 시간 블록을 바꿔보며 나에 대해 더 잘 알아갈 수 있었다.

시간을 관리하며 가장 크게 변화된 점은 내 하루의 주체성이 오로지 나에게 있다는 사실을 깨달은 것이다. 오늘 하루는 결국 내가 나를 어떻게 쓸지를 선택한 그 시간을 살아가는 것이다. 여기에 외부적 요인이 나를 강제로 잡아두는 시간 같은 것은 없었다. 명심하자. 오늘도 우리 모두에게는 똑같은 시간이 주어졌다는 것을.

앤가은의
갭이어 사이드 프로젝트 6

1. 월마다 열리는 건강한 기록 체력을 기르는 프로그램
일단기록

건강한 기록 체력을 키우는 뉴미디어 기록클럽을 세 달간 운영했다. 평일 단 하루도 빠지지 않고 그날 자신이 얻은 영감, 아이디어, 인사이트를 미디어에 기록하고 나누는 모임이다. 여기에는 카피라이터, 에디터, 마케터, 제작자, PD, 프리워커, 학생 등 동일한 관심사를 가진 다양한 사람들이 들어와 자신의 창작물을 만들어냈다. 소정의 참가비를 받고, 나는 운영자로서 매일 푸시 메시지를 보내는 역할을 하며 다들 자신

건강한 기록 체력을 키우고
부단히 내 것을 만들어내는
뉴미디어 기록클럽 〈일단기록〉

8/2-8/27

일단
기록

앤가은

이 목표로 하는 창작물을 만들 수 있도록 동기부여를 해주었다. 이때 만난 이들은 이 활동을 시작으로 자신의 브랜드를 만들거나 인스타그램 계정을 운영하며 업을 변경하는 등 많은 변화들을 만들었고, 그들의 역사적인 현장에 내가 함께할 수 있어서 감사했다. 이들역시 나의 든든한 동료로서 큰 동기부여가 되었음은 물론이다. 커뮤니티를 운영하며 인사이트를 주고받고, 누군가의 변화를 돕고, 동료를 얻고, 스스로의 창작에도 박차를 가할 수 있는 좋은 프로젝트였다고 생각한다. 덕분에 내가 커뮤니티 리딩에 재능이 있다는 것도 알게 됐다.

2. 매주 금요일 찾아가는 에세이 뉴스레터
   앤가은 일과집

내가 집에서 보내는 일과의 순간들을 짧은 에세이에 담아 뉴스레터를 보내주는 프로젝트다. 매주 한 편씩 글을 보내주는 조건으로 나는 독자들로부터 구독료 대신에 답장을 한 번씩 받기로 했다. 이것 역시 게으른 내가 글을 쓰게 만들기 위한 장치였는데, 다행히 300여 명의 독자들이 봐준 덕에 밀리지 않고 한 달간 에세이 레터를 보내는 데 성공할 수 있었다. 글을 쓰면서 내가 인생에서 해결하고 싶던 숙제들이 하나둘 해결됐으며 매주 금요일 발송 버튼을 누르기 전에는 얼굴이 퉁퉁 부을 정도로 눈물을 흘렸다. 띠링띠

어차피 일할 거라면 원하는 일 할게요

링 답장이 도착할 때마다 나를 응원하고 공감해주며 따스한 시선으로 바라봐주는 독자들 덕분에, 나는 많은 것을 치유할 수 있었다. 이 과정을 통해 '아, 나는 사람들과 소통하며 사는 일을 하고 싶구나. 이렇게 연대하고, 서로 응원해주고, 내 창작물을 봐주는 사람들과 오래오래 함께하고 싶구나' 하는 것을 깨달을 수 있었다. 내가 창작자의 정체성을 확립하게 된 계기가 되어준 프로젝트다.

3. 홈오피스
일집(@1.zip)

자신만의 키워드가 있는 사람을 부러워했다. 나는 항상 나만의 키워드가 없는 사람 같았는데, 갭이어를 통해 '홈, 집, 루틴'이라는 키워드를 새로 얻게 됐다. 홀로 일하기 위해서는 작업실이 필요했고, 홈오피스 구조를 만들 수 있는 집으로 이사를 택했다. 일의 효율성을 높이면서도, 콘텐츠에 대한 영감과 자극을 많이 받을 수 있는 장소로 집을 꾸몄다. 직접 한 땀 한 땀 집을 정비하면서 나의 취향은 물론 공간 인테리어에 대한 흥미와 재능을 발견할 수 있었다. 운이 좋게도 오

‘오늘의집’에 소개된 나의 홈오피스. ‘일하는 집’이자 나를 프로듀싱했던 첫 번째 ‘1집’ 앨범이 탄생했다는 뜻에서 ‘일집(@1.zip)’이라는 이름도 붙여주었다.

늘의집 메인 페이지에도 소개되면서 관련 브랜드들과 협업하거나 협찬을 받는 등 브랜디드 콘텐츠를 많이 만들 수 있는 계기가 되기도 했다. 이곳에서 나는 다양한 작업은 물론, 앞으로 업의 방향성도 확립하고, 사랑스러운 응구와도 소중한 시간을 보낼 수 있었다.

4. 유튜브 채널
앤이웨이

내게 콘텐츠 업계로의 길을 열어준 것은 뭐니 뭐니 해도 유튜브였다. 광고 회사에 다니는 중에도 개인 작업 영상을 올리며 브랜디드 콘텐츠 제작자로 커리어

어차피 일할 거라면 원하는 일 할게요

를 확장했고, 실제로 회사 내에서 디지털 마케팅에서 광고 기획자로 직무를 옮기게 됐다. 현재는 본업으로 만드는 콘텐츠에 집중하면서 유튜브는 멈췄지만, 퇴사 이후 8개월의 갭이어 동안 프리워커 라이프를 연재하며 약 1,000명에 가까운 구독자들이 모였다.

물론 나의 게으름과 꾸준하지 못함에 실망하는 날들도 많았다. 하지만 기록의 관점에서 언제든 다시 나의 생각을 영상으로 연재할 수 있는 든든한 창구 하나를 열어두었다고 생각한다. 유튜브를 통해 내게 의미 있었던 시간, 대화, 영감, 브랜드, 사람, 물건, 그리고

내게 영감을 준 생각, 사람, 물건, 대화들을 기록하고 담아내는 데 집중한 유튜브 채널.

'그 시기의 나'를 기록하는 것이 얼마나 가치 있는 일인지를 알게 됐다. 콘텐츠를 만드는 사람으로서 직접 기획하고 제작하는 감각을 꾸준히 훈련해나가는 것이 얼마나 중요한 것인지도.

앞으로도 꾸준히 좋은 이야기와 장면을 담아내는 작업을 할 예정이다. 내가 맡은 브랜드 혹은 서비스에 필요한 콘텐츠를 만들어내는 일부터, 어떤 이야기를 새롭게 조명하는 일까지 모두 누군가에게는 분명 도움이 된다고 믿기 때문에.

5. 오디오북, 오디오 드라마, 오디오 콘텐츠 프로젝트

오디오 콘텐츠를 제작했다. 이것은 〈앤가은 일과 집〉에세이 레터를 보내면서 역으로 제안을 받아 진행하게 된 프로젝트다. 에세이 레터를 받는 독자들 중에 오디오 콘텐츠 플랫폼 대표님이 계셨는데, 에세이의 내용이 상당히 드라마 대본 같아서 오디오북과 오디오 드라마로 만들어보면 좋겠다는 제안을 해준 것이다. 그렇게 내가 쓴 글에 내 목소리를 입혀 직접 콘텐츠를 만들어보기도 했고, 이 일이 계기가 되어 성우 아

르바이트로 수익을 내는 일도 해볼 수 있었다. 나만의 프로젝트가 다른 이들에게 필요한 소재가 되고, 또 그렇게 연결된 인연으로 다른 일까지 해볼 수 있어서 신기하고 감사했던 경험이다. 세상에 자신의 이야기를 꺼내놓으면 그 친구들이 알아서 또 다른 길을 찾아주는 것 같다. 나와 당신에게 필요한 건 세상에 이야기를 꺼낼 용기가 아니었을까. 이 프로젝트에 대한 보다 자세한 내용은 위의 QR코드를 통해 영상으로 확인할 수 있다.

6. BE노트
워크숍

갭이어 기간에 시도했던 수많은 자기발견 방법들

중 내게 가장 도움이 됐던 툴킷들을 모아 워크숍을 진행했다. 3장에서 자세하게 소개하겠지만, 워크숍은 크게 '현재의 나(ME)'를 발견하는 방법과 '되고 싶은 나(BE)'를 찾아가는 방법에 관해 두 파트로 나누어 진행했다. 당시의 나와 비슷한 연차(5~6년 차)를 가진 직장인들 및 같은 회사에서 함께 일했던 동료들이 가장 많이 신청을 했다. 실제로 옆에서 내가 어떤 직무적인 고민을 안고 퇴사를 했는지, 또 새로운 길을 선택해 어떻

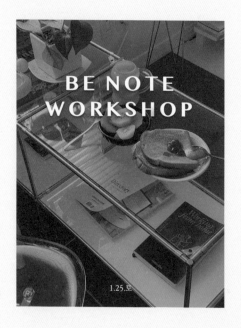

어차피 일할 거라면 원하는 일 할게요

게 가고 있는지를 지켜본 동료들이기에 내가 경험한 변화의 핵심이 무엇인지 나눠달라는 요청이 종종 있었다.

커리어에 관한 조언이 늘 그렇듯 정답은 없다. 대부분은 자신이 걷고 있는 길 위에서 힌트를 얻거나, 사람, 프로젝트, 타이밍, 자신의 사고 변화로 인해 새로운 커리어를 시작한다. 나도 내 방법이 정답이라고 말하고 싶은 것은 아니지만, 나처럼 방향을 잃고 헤매는 사람들에게는 분명 좋은 레퍼런스가 되어줄 것이라 생각한다. 감사하게도 〈BE노트〉 워크숍 이후 커리어를 고민하는 많은 분들로부터 도움이 됐다는 연락을 많이 받았다. 갭이어를 정리하며 내가 얻은 것을 나눠주는 워크숍이었기에 나 역시 다음 스텝을 점검하는 데도 큰 도움이 됐다.

3 →

되고 싶은 나를
만나는 툴킷

갭이어가 끝나가던 겨울, 나는 방송사, 엔터사, IT 플랫폼사 각 업계의 톱 티어 회사로부터 최종 오퍼레터를 받았다. 새로운 업계로 이동하는 것이었지만, 기존 경력을 모두 인정받고도 원하는 일을 할 수 있게 된 셈이었다. 아주 감사한 일이었다. 갭이어의 목적이 '어떤 회사'를 들어가기 위함은 아니었으나, 내가 정한 방향으로 나아가는 데 필요한 스텝이었기에 이후 결정은 심플했다. 지금은 이 중 한 곳에서 시도해보고 싶던 서비스와 콘텐츠를 차근차근 만들어가는 중이다.

"대체 하고 싶은 게 뭔데?"
"앞으로 어떻게 살고 싶은 건데?"

퇴사를 하던 날 무수히 받았던 질문 앞에 대답 없이 서 있던 나를 기억한다. 한 치 앞도 보이지 않아서 답답했고, 영영 풀 수 없을지도 모르겠다고 생각했던 두려운 질문들. 요즘의 나는 이렇게 답한다.

"크리에이터형 워커로의 삶을 지속해나가며 살고 싶어요. 제가 만든 크리에이티브가 콘텐츠, 브랜드, 서비스,

그리고 개인의 문제 해결에 도움이 됐으면 좋겠고요. 나아가 대중과 소비자에게 즐거움과 도움을 주는 크리에이티브 플래너의 삶을 꿈꿉니다. 미디어와 콘텐츠를 통해 일터에서뿐만 아니라 다양한 위치에서 선한 영향력을 전하는 사람으로 성장하고 싶어요. 능력이 닿는다면 '브랜드 – 콘텐츠 – 엔터테인먼트'로 연결되는 비즈니스를 만들고 싶은 꿈도 생겼습니다."

아무런 계획도 없이 8개월 전 회사를 뛰쳐나올 때의 나와는 아주 많이 달라져 있음을 체감했다. 이걸 이룰 수 있을지, 중간에 원하는 일이 또 바뀌지 않을지는 중요하지 않았다. 나는 어떤 사람인지, 앞으로 어떻게 살아가고 싶은지, 뭘 이뤄가고 싶은지, 뭘 할 때 재밌고 행복한지, 그래서 지금 무엇을 하면 좋을지를 분명히 말할 수 있다는 것만으로도 내게 이 갭이어 프로젝트는 그 자체로 성공이었다.

단순히 그 기간 동안 '프리랜서를 해서', '다양한 사람들을 만나서', '외주 프로젝트를 해서'는 결코 아니었다. 이렇게 스스로에게 당당히 답할 수 있기까지의 비결을 하나 꼽자면, 아마도 무수히 많이 흘려보낸 고뇌의 새벽녘일 것이다. 인생에서 나에 대해 이렇게 오랜 시간 들여다보고 대화를 한 경험이 있었나 싶었을 만큼, 그동안 나는 나에 대해 알지 못했고, 나를 인정하지 못했고, 내가 원하는 것을 나에게 물어본 적이 없었다.

갭이어의 시간 대부분을 나와 대화하는 데 썼다. 모든 선택에 있어서 이 경험이, 이 대화가, 이 시간이 나를 발견하는 데에 도움이 되는지에 대한 질문부터 출발했다. 자신 있게 말하건대, 미디어에서 구할 수 있는 모든 자기발견 방법을 동원해 나를 발견해나가는 작업을 했다. 어떤 가치를 추구하는지, 어떨 때 행복한지, 나라는 인간을 이루고 있는 모든 요소들을 자세히 들여다보고, 쓰고, 지우고, 답하고, 생각하며 나를 알아갔다.

그렇게 차츰 내가 원하는 삶의 모양을 그려낼 수 있었다. 하고 싶은 일과 경험은 물론, 돈은 얼마나 벌고 싶은지, 가족과 주위 사람들과의 관계는 어땠으면 하는지, 건강과 심리 상태는 어떻게 가꿔갈 것인지 등 아주 디테일한 것들까지. 그리고 놀랍게도 내가 원하는 나를 그려낸 이후부터 점차 그 방향대로 나아가고 있는 나를 발견했다. 하고 싶던 일, 가고 싶던 회사, 바라던 경험, 지금 독자분들의 손에 들린 책 출판까지. 지금은 내가 원하는 내가 되어가고 있다는 확신을 갖고 있다. 설령 방향이 바뀐다고 한들, 나로부터 출발한 선택에 의심은 없다.

갭이어, 퇴사, 프리랜서를 하라는 것이 아니다. 답은 오로지 자신이 쥐고 있으며, 자신에게 물어보기만 하면 된다는 얘기다. 물론, 이 책을 읽는 많은 분들도 나와 마찬가지로 지금껏 살아온 삶에 대해 생각할 시간과 여유가 없었을 것이다. 여전히 스스로와 어떻게 대화하는지 몰라 답답해하는 사람도 있을 것이다.

지금부터는 수많은 자기발견 방법 중 내게 가장 도움이 됐던 방법들과 이후 원하는 자신을 그려내는 방법을 차례대로 소개하겠다. 다만, 하나만 약속해주시길. 하루에 30분 이상 자신을 만나는 시간을 가질 것. 이 방법들을 통해 자신과 대화해볼 것. 이것만 한다면, 자신이 원하는 스스로를 분명 그려낼 수 있을 것이다.

어차피 일할 거라면 원하는 일 할게요

자신 있게 말하건대,

미디어에서 구할 수 있는 모든 자기발견 방법을

동원해 나를 발견해나가는 작업을 했다.

어떤 가치를 추구하는지, 어떨 때 행복한지,

나라는 인간을 이루고 있는 모든 요소들을

자세히 들여다보고, 쓰고, 지우고, 답하고,

생각하며 나를 알아갔다.

과거의 내가
알려준 힌트들

어디로 가야 하는지 길을 잃었을 땐, 지나온 길에서 힌트를 찾을 수 있다. 어떤 삶을 살아가고 싶은지, 어떤 일을 하고 싶은지를 찾는 가장 기본적인 방법은 그동안의 나의 라이프 스토리를 돌아보는 것이다. 지금까지 나라는 사람을 스스로 데리고 살아오면서, 얘는 도대체 어떤 선택을 해왔는지, 그 선택의 이유는 뭐였는지, 결과는 만족스러웠는지, 어떤 가치를 추구하며 살았는지, 무엇을 경험할 때 가장 좋아하고 행복해했는지 찬찬히 따라가 보는 거다.

아주 어린 시절의 이야기부터 꺼내놓아도 좋다. 내

가 스스로 해본 선택들 중에 마음에 들었던 경험 위주로 기억을 떠올려보자. 내가 살아있다고 느꼈던 순간은 언제였는지, 벅차올랐던 감정, 기분 좋게 집에 돌아갔던 발걸음, 마음에 잔상이 오래 남았던 대화, 강렬하진 않더라도 오래전부터 꾸준히 소소하게 좋아하고 있는 일들은 무엇이었는지 타임라인 순서대로 떠올려보자. 내가 걸어온 여정을 쭉 따라가다 보면 자신에 대해 조금 더 잘 알게 될 것이다. 나를 향해 걸어가면서 반짝였던 마음들을 발견해보길 바란다.

퍼스널 스토리라인 그리기
가이드

퍼스널 스토리라인 그려보기

✓ 기억이 시작되는 순간부터 현재까지, 내 마음에 드는 경험, 내 기억에 강렬히 남은 경험을 나열해보세요.

✓ 이 중 내가 살아있다고 느꼈던 순간, 벅차올랐던 감정, 소소하게 오랫동안 쭉 좋았던 일의 경험을 써보세요.

✓ 긍정적으로 여겨지는 경험을 위쪽으로, 상대적으로 소소하게 느껴지는 경험은 아래쪽으로 나누어 작성해보세요.

퍼스널 스토리라인 그래프 예시

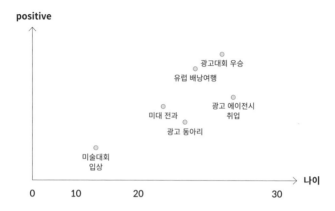

라이프 스토리라인 분석해보기

- ✓ 위쪽에 배치된 경험(긍정적 경험)의 공통점은 무엇인가요?

- ✓ 이 중 가장 기억에 남는 경험 세 가지를 고른 후, 왜 기억에 남았는지 적어보세요.

- ✓ 이때 당신은 어떤 일을 하고 있었나요? 그 일이 왜 즐겁고 좋았나요?

- ✓ 나는 어떤 경험을 할 때 가장 설레고, 행복한 사람이었나요?

- ✓ 위쪽에 있는 점들을 연결해보세요. 나는 앞으로 어떤 분야의 일을 하며 살아가고 싶나요?

- ✓ 나아가 궁극적으로 세상에 어떤 영향을 주고 싶은 사람일까요?

어차피 일할 거라면 원하는 일 할게요

나의 어린 시절 기억 중 대부분의 장면에는 검은색 그랜드 피아노가 존재한다. 음대에서 피아노를 전공한 엄마를 따라 자연스럽게 음악과 무대와 친해지곤 했다. 성악을 가르치는 선생님이 매주 두 번 집에 오셨었고, 덕분에 아주 어린 나이부터 뮤지컬 무대, 합창단 공연, 〈열려라 동요세상〉 같은 TV 프로그램에 서는 일들을 하기 시작했다. 피아노 연습은 하기 싫어서 도망 다녔지만, 무대에 서서 갈고 닦은 노래 실력과 연기를 보여주는 것은 제법 즐길 줄 아는 아이였다. 그 순간들이 재밌고 설레었으며, 당시 벅차했던 감정이 선명한 기억으로 남아있다.

학교를 마치고 집에 오면 새로운 책을 쌓아두고 읽는 것을 좋아했다. 나와는 전혀 다른 누군가가 경험한 새로운 이야기에 나는 항상 매료됐다. 당시 아이북랜드라는 책 대여 서비스를 이용했는데, 빌릴 수 있는 모든 책을 다 읽어버려서 나중엔 해당 업체에서 더 이상 줄 책이 없다며 먼저 서비스 해지를 요구할 정도였다. 이제 와 생각해보면 다양한 삶의 방식과 새로운 정보, 경험들을 습득하고, 상상하고, 새로운 이야기로 만드는 것을 기질적으로 좋아했던 것 같다. 그렇게 자연스레 문학과 가까워졌고, 글쓰기를 좋아했으며, 글쓰기로 꾸준히 상을 탔던 좋은 기억이 있다.

이 경험들은 나중에 내가 무대에 서는 연극 동아리에 들어가고, 마케팅 프레젠테이션으로 공모전에서 수상을 하고, 브랜드 마케터로, 광고 기획자로 살아가는 데 큰 자양분이 되어주었다. 사회인이 되어서도 '어떤 일을 해야 하는지' 항상 치열하게 고민했지만, 돌아보면 늘 글을 쓰고, 누군가 앞에 서서 말을 하고, 기획과 창작으로 자신의 생각을 표현함으로써 타인에게 영향력을 주는 과정을 어린 시절부터 한결같이 좋아해왔던 것이다. 현재는 엔터 업계에서 콘텐츠 기획자로 일을 하고 있으니 신기하게도 음악과 가까이 지냈던 경험까지 업으로 연결됐다고 해도 과장이 아닐 듯하다.

얼핏 관련이 없어 보이는 듯한 경험들일지라도 점을 이어가고, 내 선택의 이유를 찾고, 공통점을 발견하면 새로운 길이 보인다. 나의 스토리라인을 차근히 돌아가며 행복했던 기억들을 되짚어보자. 그중 가장 마음에 들었던 경험들은 별표를 해두자.

어차피 일할 거라면 원하는 일 할게요

꿈틀거리는 마음에
물을 주세요

그간 나의 발자취를 따라 여러 힌트를 찾아냈다면, 이젠 현재의 나를 샅샅이 체크해볼 시간이다. 과거의 경험으로 나라는 사람의 결을 알아갈 순 있어도, 그게 현재의 나를 대변하는 것은 아니다. 고민 가득한 마음으로 이 책을 펼쳐 든 지금의 나는 어떤 상태인지, 요즘 어떤 분야에 관심이 생기는지, 무슨 얘기를 할 때 더 눈이 반짝이고 있는지 발견해보자. 최근 마음이 가는 경험들은 무엇인지, 혹은 어떤 사람들을 보며 부러워하거나 질투하고 있는지, 내가 질투를 느끼는 그 사람들은 주로 무엇을 하고 있는지 등 내 마음이 자꾸 움직이고 있는 방향과 감각을 어떻게든 알아차리는 것이 중요하다.

주의해야 할 점은 좋아하는 마음의 크기를 남과 비교하지 않는 것이다. 내가 무언가를 사랑하는 마음의 크기가 남보다 작다고 해서 내 마음이 존재하지 않는 것은 아니다. '좋아하는 마음' 그 자체가 나의 재능이며, 장점이고, 능력이다. 호감이라는 녀석은 결코 가볍게 여길 존재가 아니다. 세상에 얼마나 많은 물건이, 브랜드가, 직무가, 취미가, 사람이, 풍경이, 음식이, 색깔이 있는지 한번 생각해보라. 그중에서도 내 마음에 쏙 들어와서 자꾸 신경 쓰이고, 해보고 싶은 경험이 있다는 것만으로도 박수를 받아야 할 일이다. 그것이야말로 마음에 싹이 트고 있다는 증거니까.

그러니 대단히 열성적으로 사랑하지 않아도 괜찮다. 최근에 조금이라도 관심 가는 분야가 있다면, 마음을 움직이게 만드는 사람이 있다면, 재밌어 보이고 흥미로워 보이는 활동이 있다면, 그게 무엇이든 꿈틀거리는 마음에 물을 주자. 작은 꿈틀거림이 사랑을 먹고 자라 어느새 나를 지탱해주는 든든한 나무가 돼있을지 모르는 일이다. 중요한 것은 이제 막 새싹을 틔우는

어차피 일할 거라면 원하는 일 할게요

나의 꿈틀거리는 마음들을 지나치지 않아야 한다는 것이다.

꿈틀거리는 마음 키우기
가이드

꿈틀거리는 마음 확인하기

✓ 최근에 가장 **행복하다, 짜릿하다, 벅차오른다, 피곤하지만 재밌다**라고 느꼈던 순간은 언제였나요? 무엇을 할 때였나요?

✓ 자주 들여다보는 콘텐츠와 흥미가 생기는 관심사는 무엇인가요? 앞으로 더 배워보고 싶은 일들은 어떤 것들인가요?

✓ 나이도 먹지 않고, 경력도 줄지 않고, 오롯이 딱 **1년간의 자유 시간**이 주어진다면 하고 싶은 일은 무엇인가요?

✓ 현시점에 **경제적 자유를 이미 얻었다면** 지금부터 하고 싶은 일은 무엇인가요?

✓ 최근 닮고 싶은 롤모델이 있나요? 그들의 어떤 특징을 닮고 싶나요?

✓ 남들이 시키지 않아도 **내가 자발적으로 하는 일**은 무엇인가요?

꿈틀거리는 마음에 물 주기

✓ '퍼스널 스토리라인', '꿈틀거리는 마음'의 질문에 답할 때 자주 등장하는 키워드와 관심사는 무엇이었나요?

✓ 그중 5가지 주요 키워드를 뽑아보세요.

앞의 두 가지 툴킷을 진행하면서 공통으로 나오는 키워드나 여러 번 반복해서 나오는 키워드를 꼭 기억하고 기록해두자. 그 키워드는 내가 가진 현재의 '워너비 키워드'라고도 볼 수 있다. 내가 동경해서일 수도, 단순히 그냥 좋아서일 수도, 인생에서 꼭 한 번쯤은 도전해봐야 하는 경험이어서일 수도 있다. 그 크기가 어떠하든, 혹은 금방 사라져버릴지라도 스스로 고른 그 키워드들은 당신이 앞으로 나아가는 데 길을 알려주는 중요한 존재가 되어줄 것이다.

어차피 일할 거라면 원하는 일 할게요

꿈이
동사여야 하는 이유

지금껏 살면서 "꿈이 뭐야?"라는 질문을 여러 번 받아봤을 것이다. 그때마다 우리는 대부분 특정 '직업'을 떠올린다. 어떤 대명사로 자신이 원하는 직업을 선명하게 떠올리고 대답할 수 있는 것 자체도 아주 멋진 일이지만, 잘 알다시피 우리는 변한다. 움직이고, 생각하고, 행동하고, 살아간다. 우리만 변하는가? 아니, 세상은 더 빠르게 변한다. 과거에 유망했던 분야가 사라지기도 하고, ChatGPT의 등장처럼 새로운 기술이 계속 생겨난다. 일의 경계가 사라지고, 하고 싶고, 해야 하는 직업들은 이름과 형태가 더 다양해질 것이다. 이렇게 빠르게 변화하는 세상에서 단순히 명사로 쓰인 단어가 꿈이라면 우리는 변화를 마주할 때마다 머리가 아플 것이다. '아, 다음 꿈은 뭐로 해야 하지?'

하지만 주위를 둘러보면 같은 직업일지라도 일에서 추구하는 가치가 다르고, 원하는 방향이 다른 사람들이 존재한다는 걸 금방 알아챌 수 있다. 세상에 다양하고 찬란한 결과물들이 만들어지는 것은 바로 이런 이유 때문이다. 역으로 생각해보자. 주변에 '누군가의 변화를 돕도록 가르치는 것'을 좋아하는 이가 있다면, 이 사람은 뭐가 되어야 하는 것일까? 교사 말고도 기업 강연자, 교육 컨설턴트, 입시 강사, HR 전문가등 이를 실천할 수 있는 직업은 많다. 이 사람이 어떤 대상에게, 어떤 도움을 주고 싶은지에 따라 직업은 다양하게 바뀔 수 있을 것이다. 하지만 '가르치는 일'에 대한 애정, '가르치는 행위로 누군가를 변화시키고 싶다는 마음'은 오래오래 품고 가져가야 할 그 사람만의 삶의 태도이자 가치일 것이다.

그렇기에 꿈은 '무언가가 되고 싶다'가 아니라, 내가 '무엇을 하고 싶은지, 어떻게 살고 싶은지'에 대한 삶의 태도까지를 포함해야 한다. '나는 ○○이 될 거

어차피 일할 거라면 원하는 일 할게요

야'보다 '나는 어떤 삶을 지속하며 살아가고 싶은지'를 고민해야 한다는 것이다. 그러려면 우리에게는 동사動詞가 필요하다. 삶을 대하는 나의 태도는 어떠한지, 나는 어떤 행동과 행위를 할 때 살아있다고 느끼고 행복해하는지 파악해보자. 이런 가치들을 이루며 살 수 있는 일들은 무엇이고, 나는 그 일을 통해 궁극적으로 어떤 대상에게 도움을 주고 싶은지까지가 우리가 여기서 알아내야 할 것들이다. 나는 이를 위해 살펴봐야 하는 동사들에 '라이프 동사life verb'라는 이름을 붙여주었다.*

삶에서 오래 가져가고 싶은 태도를 찾기 위해, 나는 뒷장에 나열해놓은 동사들을 읽으며, 살아가고 싶은 나의 모습을 수차례 골랐다. 그중에서도 내가 원하는 동사를 추려보니, 삶에서 추구하는 나의 모습과 상태를 단순하고 명료한 문장으로 그려낼 수 있었다. 신기한 것은 명사가 아닌 동사가 꿈이 되니, 그것이 지금 바로 이룰 수 있고, 행동할 수 있는 가까운 목표가 됐

---

* 라이프 동사를 작성할 때 유튜브 채널 '이조잘 JOJAL LEE'의 꿈찾기 동사지 영상(youtu.be/tQgYSkstenY?si=KF4Gi5l1Hb8VINj5)에서 큰 도움을 받았다. 진로 고민에 유용한 콘텐츠가 많으니 해당 채널을 방문해보는 것도 좋겠다.

다는 점이다. 내가 움직이고 싶은 방향을 찾았다면, 사실 매일이 꿈을 이루는 과정이나 다름없다.

너무나도 유명한 명언이지만, 그래서 꿈은 명사가 아닌 동사다.

라이프 동사
가이드

라이프 동사 고르기

✓ 나열된 동사 중 내가 삶에서 지속적으로 추구하고 싶은 모습을 나타내는 동사를 10개 골라주세요.

✓ 동사를 고를 때는 사회적 시선은 잠깐 차단하고, 정말 스스로 '이렇게 살아가고 싶다'는 끌림을 주는 동사를 골라주세요.

라이프 동사 목록(가나다 순)

가꾸다	가르치다	간호하다	감독하다
감동시키다	강의하다	개발하다	개선하다
거래하다	건설하다	건축하다	검색하다
검토하다	게임을 하다	겨루다	격양시키다
결정하다	경영하다	경쟁하다	계몽시키다
계산하다	계획하다	고안하다	고치다
공감하다	공부하다	공유하다	관리하다
관찰하다	관철시키다	광고하다	교감하다
구매하다	구제하다	구조하다	굽다

권하다	그림 그리다	글 쓰다	기도하다
기록하다	기부하다	기획하다	꼿꼿이하다
꾸미다	나서다	날다	냄새 맡다
노래하다	녹화하다	농사짓다	단련하다
달리다	대접하다	대화하다	도전하다
도출해내다	돌보다	동기부여하다	동물을 키우다
드러내다	듣다	들어주다	등산하다
디자인하다	따라 하다	땀 내다	리드하다
만나다	만들다	만지다	말하다
메이크업하다	멘토링하다	명령하다	모델로 서다
모시다	모으다	모임을 만들다	모험하다
몸매를 가꾸다	몸을 쓰다	무역하다	무용하다
뮤지컬을 하다	미용하다	믿다	반복하다
발견하다	발병하다	발전시키다	방송하다
배달하다	번역하다	베풀다	변호하다
변화하다	보도하다	보존하다	보호하다
봉사하다	분류하다	분석하다	비평하다
빛을 비추다	사랑하다	사색하다	산출하다
살피다	상담하다	상상하다	색을 입히다
생각하다	서비스하다	서포트하다	선곡하다
선보이다	설계하다	설득시키다	설립하다
설명하다	성취하다	소속되다	소통하다
수사하다	수선하다	수송하다	수정하다
수집하다	수행하다	수화하다	승진하다
식물을 기르다	실험하다	실현시키다	심판하다
안정을 느끼다	알려주다	양육하다	어필하다
여행하다	연구하다	연기하다	연주하다
연출하다	영업하다	영향을 주다	예쁘게 하다
외교하다	외국어를 하다	요리하다	운동하다

운영하다	운전하다	움직이다	웃게 하다
웃기다	육성하다	음미하다	이야기를 짓다
이어주다	이해하다	작곡하다	작사하다
장식하다	재배하다	전달하다	점검하다
정돈하다	정리하다	정보를 수집하다	정비하다
정책을 세우다	제작하다	제조하다	조각하다
조경하다	조련하다	조립하다	조언해주다
조종하다	조직하다	주장하다	주최하다
준비하다	중매하다	중재하다	즐기다
지시하다	지어내다	지지하다	지키다
진료하다	집중하다	창작하다	창조하다
찾다	채집하다	처방하다	청소하다
청취하다	촬영하다	추진하다	축산하다
출가하다	출판하다	춤추다	취재하다
치료하다	치유하다	칠하다	칭찬하다
카피라이팅하다	컨설팅하다	코디하다	코딩하다
큐레이팅하다	탐구하다	탐사하다	탐지하다
탐험하다	테스트하다	토론하다	통계하다
통역하다	통합하다	투자하다	판결하다
판매하다	판별하다	팔다	편집하다
평가하다	평론하다	포장하다	포즈를 취하다
포착하다	표현하다	항해하다	해결하다
해석하다	해설하다	향상시키다	협동하다
협력하다	협상하다	홍보하다	확장하다
회계하다	훈련시키다	-	-

유독 내 눈에 반짝이는 동사들이 있었을 것이다. 동사 10개를 모두 골랐다면, 이제 그 동사들 중 가장 남

라이프 동사 추려내기

✓ 다 고르셨나요? 이제 그 10가지 동사 중 딱 3개만 남겨주세요.

✓ 고르기 어렵겠지만, 지금 고른 세 가지는 **나의 적성, 취향, 비전과 연결되는 강력한 동사**일 것입니다.

✓ 내가 고른 동사들을 유심히 들여다보면서 공통점을 발견해보세요.

✓ 직업 및 산업 분야와도 연결 지어보세요.
  예) 돕다, 상담하다, 대화하다 → 상담 분야
   노래하다, 그리다, 감동시키다 → 문화·예술 분야

기고 싶은 3개만 추려보자. 잔인하다고 해도 어쩔 수 없다. 나 역시 이 작업이 쉽지는 않았다. 하지만 내가 삶에서 지속적으로 행동하고 싶은 동사들을 3개만 남겨보니, 어떤 삶을 추구하고 꿈꾸고 행동하고 싶은지 명료하게 보이기 시작했다. 지금 고른 3개의 동사들은 자신의 적성, 취향, 비전과도 연결되는 강력한 동사들이니 꼭 기억해두길 바란다.

  골랐던 동사들을 이리저리 묶어보고 거기서 공통점을 발견해보아도 좋다. 이를 직업이나 관련 산업 분야와 연결 짓는 과정도 필요하다. 예를 들어 '돕다', '상담하다', '대화하다'를 골랐다면 상담 분야를 연결시켜봐도 좋을 것이다. '노래하다', '그리다', '감동시키다'를 골랐다면 문화·예술 분야에 관심이 많다는 것을 알 수 있다.

예를 들면, 나의 라이프 동사 10가지는 '창작하다', '드러내다', '표현하다', '성취하다', '연출하다', '홍보하다', '말하다', '강의하다', '리드하다', '빛을 비추다'였다. 즉, 지속적으로 삶에서 창작하고 표현하고 드러내는 크리에이터로, 연출하고 홍보하고 성취하는 기획자로, 더 나아가 누군가에게 좋은 영향력을 주는 리더이자 누군가의 장점을 발견해 빛을 비춰주는 역할을 하며 살고 싶다는 걸 알 수 있었다. 라이프 동사 고르기는 어떤 일을 하고 있든지 내가 이렇게 행동하고 살아가고 있다면, 이미 꿈을 이뤄가는 중이라는 사실도 알게 해주었던 무척 고마운 작업이다. 지금 내 마음을 두근거리게 만드는, 내 눈을 반짝이게 만드는 나만의 라이프 동사를 꼭 찾아보길 바란다. 당신을 살아있게 만드는 동사는 무엇인가.

어차피 일할 거라면 원하는 일 할게요

나님이
대화를 신청하셨습니다

가끔 그런 기분을 느낄 때가 있다. 내가 나한테 명확히 말을 걸어오는 듯한 기분. 신기하게도 나는 이럴 때마다 터닝 포인트를 만났다. 대학 시절, 실험실에서 배를 쫄쫄 굶고 미생물을 들여다보던 내게 '너 진짜 이렇게 살 거야?'라고 말을 걸어왔던 것처럼. 출근 지하철에서 창가에 비친 푸석한 얼굴의 내가 '이렇게 살다가 10년 뒤에 뭐 하고 있을 것 같은데?'라고 물어왔던 것처럼. 나와 대화를 하고 나면 세상이 선명해지는 기분을 느꼈다. 그렇게 전공도 바꾸고, 직무도 바꾸고, 퇴사도 하며 끊임없이 내가 원하는 삶을 만들어갔다.

이처럼 느닷없이 내가 나에게 말을 걸어오는 순간은 정말 대화가 필요하다는 신호다. 자주 찾아오지는 않지만, 이 기회들을 놓치지 않고 때마다 진지하게 대화해보는 것이 중요하다.

내가 지금 갖고 있는 불만은 어디서 기인했는지, 내가 진정으로 원하는 방향을 몰라주고 있진 않은지, 과도한 자기 검열로 자신의 가능성에 한계를 두고 있진 않은지, 내가 갖고 있는 본성, 본질, 타고난 기질, 재능은 어떤 것들인지, 다른 사람의 시선을 거두고 오로지 나에게 초점을 맞췄을 때 과연 어떻게 살아가고 싶은 건지…… 현재 나를 가로막고 있는 문제를 해결하는 질문부터 스스로를 알아보는 질문들을 통해 나와의 거리를 좁혀야 한다. 진짜 나의 얘기를 들어보고, 반문해보고, 대답해가며 나를 알아가는 시간을 통해 나와의 균형을 맞추는 것은 우리에게 반드시 필요한 일이다.

처음엔 내가 대답을 잘 해주지 않을 수도 있다. 그동안 내가 나랑 친하게 지내지 않았기 때문이다. 스스로에게 질문할 때마다 모르겠다고 일관하거나, 답하기 싫어서 이리저리 핑계를 댈 수도 있다. 아주 답답할

어차피 일할 거라면 원하는 일 할게요

거다. 내가 나 하나 데리고 사는 게 이렇게까지 힘든 일인가 싶기도 할 거다. 하지만 친구를 처음 사귀듯 꾸준히 시간을 들여 나와 대화해보자. 말도 자주 걸어주고, 기분도 체크해보고, 원하는 걸 자주 물어보면서 친해져 보는 것이다. 어느새 나와 가까워진 내가, 원하는 걸 술술 말해주는 때가 온다. 그러다 언젠가는 먼저 말을 걸기도 할 것이다.

나 역시 나를 알고 싶어서 데굴데굴 구르던 밤들이 많았다. 그만큼 너무 절실했고, 간절했다. 누구보다 스스로를 알고 싶었고, 내가 원하는 삶의 방향과 기준을 잡고 싶었다. 고민스러운 날들이 찾아오면 나는 삶의 중요한 질문들을 모아 셀프 워크숍을 떠났다. 자기발견을 하는 다양한 방법들이 있지만, 가장 중요한 것은 스스로와 대화하는 것이다. 그러니 주기적으로 혼자서 머물기 좋은 숙소나 공간을 예약해 셀프 워크숍을 해보길 추천한다. 나는 조직문화 전문가이자《최고의 조직》,《조직문화 통찰》등의 저자이신 국민대 김성준 교수님의 질문들을 활용했다.[*] 모든 질문에 대답할 필

[*] 김성준 교수님의 브런치스토리 참고(brunch.co.kr/@student/4).

요는 없지만, 자아관과 업에 대한 질문은 한번 잘 살펴보길 바란다. 분명 내가 걸어가는 길의 실마리와 힌트를 얻을 수 있을 것이다.

이렇게 나와 대화를 하는 이유는 좀 더 나답게 살기 위해서다. 나답게 산다는 것은 나와 싸우지 않고, 나를 질책하거나 미워하지도 않고, 있는 그대로의 나를 직면하는 순간에서부터 출발한다. 이때 비로소 나를 인정하고 수용할 수 있다. 그렇게 나를 받아들이고 스스로와 함께 손잡고 걸어갈 때, 같은 방향을 보면서 끌어주고 밀어줄 때, 진정한 시너지가 난다. 그러니 두려워하지 말고 무수히 많은 질문들을 던지고, 답해보길 바란다. 내가 나라서 좋은 순간들이 분명 찾아올 테니.

자아관에 대한 질문

✓ 내 정체성을 한 문장으로 정의한다면, 어떻게 표현할 수 있나요?

✓ 내가 좋아하는 일과 싫어하는 일을 쭉 나열해보세요.

✓ 그중 내가 잘하는 일은 무엇이며 자신 없어 하는 일은 무엇인가요?

✓ 내게 어떤 환경과 상황이 가장 편하게 느껴지나요?

어차피 일할 거라면 원하는 일 할게요

- ✓ 가장 행복감을 느끼는 순간은 언제이며, 어떤 걸 할 때 이런 감정을 느끼나요?

- ✓ 내가 가장 무기력해지는 일을 무엇이며, 그 시기와 시간은 언제인가요?

- ✓ 나를 당황스럽고 두렵게 만드는 일은 무엇인가요?

- ✓ 나에게 아직 해결되지 않은 트라우마가 있다면, 앞으로 어떻게 해소하고 싶나요?

- ✓ 현재까지 살면서 후회하는 일들은 무엇인가요?

- ✓ 여가 시간에 나는 주로 무엇을 하고 있나요? 그것이 나에게 어떤 의미가 있나요?

- ✓ 다른 사람들이 내게 특별하거나 독특한 면이 있다고 한다면 그게 무엇인가요?

- ✓ 나 스스로 자신이 기특하게 여겨지는 순간, 스스로를 칭찬하고 싶을 때는 언제인가요?

- ✓ 평소 내가 자주 언급하며 말하는 문장과 단어가 무엇인가요?

- ✓ 내가 삶에서 가장 중요하게 생각하는 가치는 무엇인가요?

- ✓ 나에게 성공이란 무엇인지 구체적으로 정의해보세요.

- ✓ 나의 존재 이유가 무엇이라고 생각하나요?

- ✓ 살면서 이루고 싶은 목표가 있다면, 이를 어떻게 이루어나가고자 하나요?

타인과 관계에 대한 질문

- ✓ 내 가족 중 닮고 싶은 사람과 닮고 싶지 않은 사람이 있나요?

- ✓ 닮고 싶은 특성은 무엇이며, 닮기 싫은 특성은 무엇인가요?

- ✓ 나는 기질적으로 어떤 특성을 갖고 있는 것 같나요?

- ✓ 내가 소중히 여기는 친구들은 어떤 성향과 성품을 가진 사람들인가요?

- ✓ 내가 인간적인 매력을 느끼는 스타일의 사람은 어떤 사람들인가요?

- ✓ 내가 의도적으로 관계를 단절한 사람들이 있다면 그 사람의 어떤 특성 때문이었나요?

- ✓ 나와 함께 일하는 동료 혹은 상사들은 함께 발전해나가고 싶은 대상인가요?

- ✓ 그렇다면 어떤 이유 때문인가요? 그렇지 않다면 어떤 이유 때문인가요?

- ✓ 회사뿐 아니라 외부에서 업무, 사이드, 스몰 프로젝트로 만나는 사람들은 어떤 사람들인가요?

- ✓ 자발적으로 내가 찾아가서 만나는 사람들은 어떤 사람들인가요?

- ✓ 그들과 어떤 영향을 주고받고 있고, 앞으로 어떤 영향을 주고받고 싶나요?

어차피 일할 거라면 원하는 일 할게요

업에 관한 질문

- ✓ 나에게 일은 어떤 의미인가요?

- ✓ 나는 현재 내가 하고 있는 나의 업을 어떻게 정의하고 있나요?

- ✓ 나의 업에서 만족스러운 부분과 만족스럽지 않은 부분은 어떤 것들인가요?

- ✓ 앞으로 더 발전시키고 싶은 나의 업무적 기술과 분야는 어떤 것인가요?

- ✓ 내 업에서 '성과'라고 부를 만한 것은 어떤 형태로 나타나나요?

- ✓ 내가 만족할 만한 성과는 그동안 어떤 것들이었나요?

- ✓ 아이디어가 떠올랐을 때 그걸 구현해내는 방식은 어떤 형태인가요?

- ✓ 내가 직접 추진한 일 중 가장 만족스러웠던 일은 무엇이었나요?

- ✓ 만족스러웠던 이유는 결과 때문이었나요, 과정 때문이었나요?

- ✓ 함께하는 동료와 시너지를 내는 것과 단독으로 스페셜리스트가 되는 것 중 어떤 형태가 나와 더 잘 맞나요?

- ✓ 내가 따라가고 싶은 리더, 선배, 상사, 멘토는 어떤 모습인가요?

- ✓ 나에게 무한한 시간과 자원이 주어진다면 어떤 업에서 최고의 성과를 이루고 싶나요?

- ✓ 현재 이루고 싶은 일을 위해서 어떠한 노력을 하고 있나요?

설레는 아침을
맞이하고 있나요

아침에 눈을 뜰 때마다 오늘도 출근해야 한다는 생각에 괴로웠던 날들이 있었다. 이런 감정이 덮치는 날이면, 온몸에 권태로움이 몰려와 꾸역꾸역 일을 하고 도망치듯 퇴근을 했다. 그토록 하고 싶던 일인데, 잘 해내고 있는 일인데, 나를 먹여 살려주는 고마운 일인데, 왜 자꾸 이런 마음이 올라오는 걸까.

대부분의 직장인들이 그렇듯 초년의 생기발랄함을 지나면 곧 출근길이 괴로운 시기가 온다. 이건 단순히 귀찮거나, 이불 밖이 춥다거나, 더 자고 싶어서는 아니다. (물론 그럴 때도 있다.) 근본적인 이유는 내가 노동을 하는 이유와 목적이 흐릿해졌기 때문일 것이다.

돈이 필요할 땐, 돈이 되는 일만 있어도 감사하다. 좋아하는 일이 있을 땐, 그 일을 할 수 있다는 것만으로도 설렌다. 하지만 이 이유들을 넘어서야 하는 시기가 올 때는, 내가 이 일을 통해 결국 무엇을 해내고 싶은지, 어떤 삶을 추구하고 또 어떤 사람이 되어가고 싶은 것인지 재정비할 필요가 있다. 매일 '이 일을 해서 좋아 죽겠어!'까지는 아니더라도, 노동을 하는 이유가 심플하고 스스로에게 명확하다면, 우리들의 아침은 분명 전보다 상쾌해질 것이다.

그때부터 비교적 아침이 상쾌해 보이는 이들에게 일하는 이유를 물어보기 시작했다. 경제적인 이유를 넘어, 이 일을 좋아하는 마음을 넘어, 일을 통해 자신의 분명한 목적이 있는 사람들의 이야기가 궁금했다. 그러다 '이키가이生きがい, IKIGAI'라는 개념을 만났다. 이키가이란 일본인들의 지닌 삶의 철학으로 '삶(이키)의 보람(가이)'을 뜻한다고 한다. 쉽게 말하면, 당신이 아침에 눈을 뜨는 이유이자 자신을 가장 설레게 하는 무엇인가를 뜻한다.

이키가이의 대표적인 예시로 '오노 지로의 초밥집'

이 있다.[*] 버락 오바마 전 미국 대통령이 생애 최고의 초밥이었다며 극찬하고, 13년 연속 미쉐린 3스타를 받은 최초의 초밥집이다. 1925년생인 오노 지로가 지금도 직접 현역으로 운영하며, 세상에서 가장 맛있는 초밥집이라 불린다. 하지만 오노 지로가 초밥집을 열 당시의 목표는 오로지 '먹고살 수 있을 정도의 돈을 버는 것' 그 이상도 그 이하도 아니었다고 한다. 당장 먹고사는 문제를 해결하기 위해 열었던 초밥집이, 이렇게까지 많은 사랑을 받을 수 있었던 이유는 무엇일까.

초밥집이 서서히 자리를 잡아가면서, 오노 지로에게는 설레는 동기가 하나 생겼다. 어제보다 오늘 더 맛있는, 좀 더 특별한 초밥을 만들고 싶다는 단 하나의 목표. 그가 초밥을 만드는 이유는 명성도, 대통령의 칭찬도, 사업을 확장해 더 많은 돈을 버는 것도 아니었다. 오로지 식당을 찾는 손님들에게 최상의 초밥을 대접하는 것이 그의 삶의 동력이었다. 그는 오늘도 여전히 최고의 초밥을 만들기 위한 연구를 이어가고 있다고 한다. 그가 만드는 초밥은 시간이 오래 걸려 대량으

[*] 모기 겐이치로, 《이키가이》, 허지은 옮김, 밝은세상, 2018.

로 판매할 수 없음에도, 그는 살아갈 동기를 잃지 않고 계속해서 초밥을 만들고 있는 것이다. 여기서 그의 동기를 '이키가이'라고 부를 수 있다. 이렇듯 이키가이는 삶의 가치, 살아가는 보람, 존재의 이유를 포함하는 개념이다.

그래서 이키가이가 있는 사람들은 자신에게 주어진 것을 온전히 받아들이고, 몰입하는 삶을 만들어나간다. 물론 커다란 목적이나 성취에서도 동력을 찾을 수 있지만, 삶의 작은 부분에서도 우리는 얼마든지 기쁘게 살 이유를 찾을 수 있다는 것이다. 대단한 성공이 없어도 지속 가능한 몰입을 할 수 있는 일. 더 나아가, 있는 그대로 자신을 받아들일 수 있는 일. 나만의 이키가이를 찾을 수 있다면, 이 괴로움의 굴레에서 벗어나나 역시도 설레는 아침을 맞이할 수 있을 것이란 확신이 들었다.

더 흥미로웠던 점은 이 이키가이를 찾기 위해서 충족해야 하는 다음의 네 가지 요소에 관한 것이었다. 첫째, 내가 사랑하는 일일 것. 둘째, 내가 잘하는 일일 것. 셋째, 내가 돈을 벌 수 있는 일일 것. 넷째, 세상에서 필요로 하는 일일 것. 좀 더 풀어서 설명해보면 좋아하는 일과 잘하는 일이 겹치는 영역은 '취미'가 되고, 잘하는 일과 돈이 되는 일이 겹치는 영역은 '직업'이 된다. 또 돈이 되는 일과 세상에 필요한 일이 겹치는 영역은 '소명', 좋아하는 일과 세상에 필요한 일이 겹치는 영역은 '사명'이 된다고 한다. 이 네 가지 영역의 교집합이 바로 '이키가이'인데, 사실상 이것을 뚝딱 찾는 것은 여간해서는 쉽지 않은 일이다.

운 좋게 처음 택한 일이 내가 좋아하고 잘하는 일이면서 돈이 되고 세상에서도 필요로 하는 일이라면 참 좋겠지만, 우리들 대부분은 각 요소 중 몇 개만 해당하거나, 아니면 이제서야 막 찾기 시작한 경우도 있을 것이다. 나 역시 나중에야 이키가이의 개념을 적용해보면서, 각 요소의 균형을 맞추며 이 네 가지를 찾아보고 있으니 말이다. 하지만 이 요소들에 해당하는 일들을 스스로에게 질문하고, 조합하고, 찾아나가는 과정 자체만으로도 분명 설레는 하루를 만들 수 있다. 새로운 나를 발견할 수 있음도 물론이다. 오늘 아침 눈을 떠서 일터로 향하던 발걸음이 무거웠다면, 자신의 설렘을 발견하는 이 작업을 한번 해봤으면 좋겠다.

뒷장에 나오는 가이드를 따라 질문에 답을 해보면

어차피 일할 거라면 원하는 일 할게요

서 서서히 나만의 이키가이를 찾아가보자. 큰 목표나, 멋진 대답을 하겠다는 생각은 잠시 접어두고 아주 사소하고, 소소한 일들을 떠올리는 것들로 시작해보자.

"이키가이는 당신이 아침에 눈을 뜨는 이유이며, 작은 일을 챙기는 힘이며, 감각적 아름다움이며, 몰입이며, 지속 가능성이며, 삶의 이유다. 또한 이키가이는 강건함과 회복력이며, 행복이며, 있는 그대로 자신을 받아들이는 것이다."

첫째, 내가 사랑하는 일일 것.

둘째, 내가 잘하는 일일 것.

셋째, 내가 돈을 벌 수 있는 일일 것.

넷째, 그 일이 세상에서 필요로 하는 일일 것.

내 안의
이키가이를 찾는 법

당신이 사랑하고 있는 것들은 무엇인가요?

↳ **What you love**

너무 좋아해서 누가 시키지 않아도 계속해서 하는 일이 있는가? 자꾸만 손이 가는 주제나 활동은 어떤 것들인지 유심히 살펴보자. 늘상 보고 있는 책의 종류나 영화도 좋은 힌트가 될 수 있다. 나에게 어떠한 수익이나 이득을 가져다주는 활동은 아니지만, 내 시간과 에너지를 투자해서 기꺼이 하고 있는 그런 일들을 떠올려보길 바란다.

나는 아이디어를 내고 새로운 창작물을 만드는 것

이키가이의 네 가지 요소

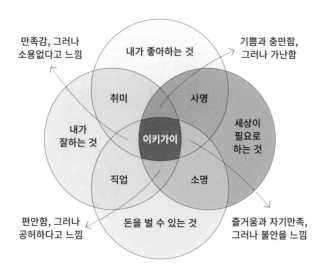

만족감, 그러나
소용없다고 느낌

내가 좋아하는 것

기쁨과 충만함,
그러나 가난함

취미   사명

내가
잘하는 것   이키가이   세상이
필요로
하는 것

직업   소명

편안함, 그러나
공허하다고 느낌

돈을 벌 수 있는 것

즐거움과 자기만족,
그러나 불안을 느낌

을 좋아한다. 쓰고, 찍고, 말하고, 편집하며 생각과 상황을 기록하고 전달하는 일을 자연스럽게 해왔다. 어떤 인물의 스토리를 듣고, 감탄하고, 영향을 받는 것을 좋아해서 주로 인터뷰 콘텐츠를 많이 읽는다. 그만큼 누군가의 장점을 잘 발견해주고, 동기부여를 하고, 더 나은 세상으로 갈 수 있도록 도와주는 것을 좋아한다는 얘기기도 하다. 자발적으로 쌓아온 지식과 재능을 나눌 수 있는 커뮤니티를 만들고, 꾸준히 발제자 겸 모

더레이터가 되어 콘텐츠를 만드는 중이다. 이렇게 책을 통해 독자분들을 만나고 있는 것도 비슷하다. 이 외에도 내가 스스로 기꺼이 하는 일들은 더 많다.

아이데이션, 엔터 콘텐츠, 영상, 기획, 촬영, 기록, 말, 인터뷰, 프레젠테이션, 영향력, 커뮤니티, 에세이, 동기부여, 브랜드, 세계관, 스토리텔링, 인테리어, 소품, 반려견, 감각, 유머, 아티스트, 연예 뉴스, 예능, 음악, 편하고 예쁜 옷, 실버 액세서리, 핑거푸드…… 이렇게 키워드로 자신이 사랑하고 있는 것이 무엇인지 나열해보자. 앞에서 해보았던 나의 라이프 스토리를 들춰보면 더 쉽게 키워드를 떠올릴 수 있을 것이다. 그간 해온 일, 하고 있는 일, 좋아했던 일, 나를 움직이게 하는 원동력, 나만의 취향까지 천천히 들여다보자. 나조차도 몰랐던 내가 사랑하는 것들이 마구 발견될 것이다.

☐ 누군가 시키지 않아도 내가 좋아서 계속해서 자발적으로 하고 있는 일이 있나요?

☐ 내가 꾸준히 관심을 두고 있는 주제나 요즘 보고 있는 콘텐츠, 책, 영화는 어떤 것들인가요?

- □ 수익이 되진 않지만, 내 시간과 에너지를 투자해서 기꺼이 하고 있는 일들은 어떤 것이 있나요?

- □ '나중엔 이 사람처럼 살고 싶다', '이런 일들을 하며 지내고 싶다' 하는 사람들은 누구인가요? 그들은 어떤 일을 하고 있나요?

당신이 잘하는 일은 무엇인가요?
↳ **What you are good at**

어린 시절부터 지금까지 "너 이거 잘한다!"라고 얘기 들었던 일이 무엇이었는가? 같은 일도 비교적 남들보다 쉽게, 수월하게 해내고 있다면 그것이 타고난 재능일 확률이 높다. 자라오면서 이 부분은 내 재능인 것 같다고 느꼈던 일들이 있다면 그게 무엇인지 떠올려보자. 현재까지 쌓아온 전문적인 기술들은 어떤 것들이 있는지도 나열해보자. 지금 내가 잘해오고 있는 일은 무엇인지도.

나는 남들 앞에서 이야기하는 걸 유독 잘해왔다. 발표 시간이 무섭고 떨린다던 친구와는 달리, 내 생각과 이야기를 청중에게 전달하는 걸 비교적 수월하게 잘

어차피 일할 거라면 원하는 일 할게요

해냈다. 학창 시절에는 재밌고 무서운 이야기를 친구들에게 들려주는 것부터 시작해, 뮤지컬, 연극, 웅변대회 등의 경험을 거치며 이 재능을 점점 더 키워왔다. 덕분에 프레젠테이션 공모전에서 대상을 받은 적도 있었고, 광고 회사에서는 클라이언트 앞에서 수월하게 보고를 잘할 수 있었다.

학생 때 수학적 사고와 문해력을 잘 키워온 덕에, 데이터를 보고 성과를 올리는 그로스 마케팅과 어떤 브랜드의 문제를 크리에이티브로 해결하는 기획 업무를 잘 해낼 수 있었다. 점차 콘텐츠 기획과 제작 일에 대한 스킬셋을 기르면서, 업무에서뿐만 아니라 자발적으로 유튜브, 브런치, 인스타그램, 이렇게 책까지 여러 소스를 활용한 콘텐츠를 만들고 있다.

인간의 내면을 탐구하는 걸 좋아해서 상담심리학을 연계 전공했다. 이를 통해 누군가의 마음을 깊게 이해하고, 그 사람의 장점을 발견해주는 컨설팅 능력도 개발시켰다. 나에게 상담 요청이 많이 들어오는 이유도 이런 연유에서일 것이다. 배운 걸 누군가에게 나눠주는 일을 좋아한다. 인사이트를 나누는 모임을 기획하고 운영해왔으며, 자연스럽게 커뮤니티 내 모더레이

팅도 이끌어왔다. 말하고, 기획하고, 만들고, 영감을
주는 작업들을 계속해나가면서 점점 더 관련된 기술
들이 단련되고 있는 셈이다.

이렇게 본인의 재능, 전공, 스킬셋, 현재 업무에 사
용하고 있는 능력들을 차근차근 나열해보자. 누군가
에게 칭찬받았던 일, 자신이 더 개선하고 보완하려고
꾸준히 노력하고 있는 것, 배우고 경험하면서 얻었던
것들, 좋은 결과로 이어졌던 크고 작은 일들을 모두 떠
올려보자. 생각보다 우리는 잘하는 게 많다. 한 번 더
신중히 들여다보아야 하는 것은 '잘하는 일' 중에서도
거기에 '좋아하는 마음'까지 포함된 게 무엇인지 발견
해보는 일이다. 내가 잘하고 싶어서 노력하고 있는 영
역, 키워드를 떠올려보자.

- ☐ 현재 내가 잘하고 있는 일, 기술, 스킬셋은 어떤 것들인가요?

- ☐ 비교적 남들보다 쉽게, 수월하게 해내는 일은 어떤 것들인가
  요? 사소한 것도 괜찮아요.

- ☐ 주변 사람들이 나에게 도움을 요청하는 것, 물어보는 것, 의
  견을 구하는 건 어떤 것들인가요?

- ☐ 어린 시절부터 현재까지 자신의 의지로 배우고 길러왔던 능

어차피 일할 거라면 원하는 일 할게요

력들은 무엇인가요?

☐ 남들 앞에서 1시간 동안 얘기할 수 있는 주제는 무엇인가요?

세상이 필요로 하는 것, 세상에 도움이 되는 일은 무엇인가요?

↳ What the world needs

세상이라고 표현하면 거창해 보이니 조금 좁혀서 생각해보자. 내가 어떤 대상에게 도움을 줄 수 있는 건 무엇인가? 쌓아온 지식, 정보, 네트워크, 기술, 스킬, 마인드, 태도, 습관, 철학, 루틴 등 자신이 소유한 어떤 능력이든 누군가에겐 분명 필요한 것들이 된다. 그 이유는 단순하다. 우리도 그 능력이 필요해서 갖게 됐으니까. 아주 사소한 것일지라도, 지금 누군가에게 도움이 되는 나의 일은 무엇일지 생각해보자. 필요해 보이는 사람들이 있는가? 그들에게 나는 구체적으로 어떤 이득을 줄 수 있는가?

나는 대학교 1학년 때 수학 과외를 했다. 중학교, 고등학교 때 똑같이 학교에서 배운 지식을 후배에게 전달함으로써 다른 학생들에 비해 많은 용돈을 벌었다.

고등학생들에게는, 이제 막 수능을 치고 대학을 간 언니 오빠들의 빠삭한 지식 공유가 필요하다. 시기가 조금만 지나도 유형이 달라지고 지식도 희석되기 때문에, 나이 많은 선배보다는 이제 막 고등학교를 졸업한 대학교 신입생이 과외를 하는 게 더 유리한 셈이다. 고학년이 됐을 땐 공모전에서 두 번의 대상을 탄 경험을 활용해 기획안 짜는 방법, 프레젠테이션 잘하는 방법을 강의했다. 두 스킬 모두 광고나 마케팅 분야의 이력을 쌓고 싶은 친구들에게는 필요한 정보였을 것이다.

첫 번째 회사의 직무가 퍼포먼스 마케팅이었기 때문에 더 적은 광고 예산으로 높은 매출 효율을 올리는 방법을 알게 됐다. 두 번째 회사에서는 그 능력으로 빅브랜드들의 미디어 플랜을 짜고 실행하는 일을 했다. 콘텐츠 기획이 하고 싶어서, PD, 제작자, 교수님들의 강의를 찾아다니며 유튜브 오리지널 콘텐츠를 만들기 시작했다. 이후에 나의 콘텐츠를 좋게 본 브랜드들이 외주를 맡기거나, 브랜디드 콘텐츠를 의뢰하기 시작했다. 이 일로 유튜브 콘텐츠 만들기, 콘텐츠 기획하기 등을 다룬 강연을 하면서 원하는 크리에이티브 기획 직무로 이동할 수 있었다.

어차피 일할 거라면 원하는 일 할게요

이후 프리랜서를 할 때는 앞서 얘기한 모든 능력들이 회사를 처음 키우는 대표, 스몰 브랜드 담당자, 영상을 만들고 싶은 누군가, 미디어 플래닝이 필요한 브랜드, 콘텐츠 기획을 원하는 이들에게 고루고루 쓰임을 받았다. 그리고 바로 지금, 8개월의 갭이어를 마치고 '원하는 나의 방향을 찾게 된 노하우와 이야기'들이 누군가에게 필요하기 때문에, 나는 이 글로 여러분을 만나고 있다. 나아가 앞으로도 내가 만든 창작물로 미디어를 통해 대중과 소비자에게 선한 영향을 주는 삶을 살고 싶어졌다.

위와 같은 예시를 보면서 자신이 가진 능력과 그로 인해 도움받은 사람들을 떠올려보자. 혹은 본인이 가진 크고 작은 능력들이 지금 누군가에게 필요할지 생각해보자. 작은 일부터 떠올린 후에는 차차 넓은 범위로 확장해보면 좋다. 내가 하는 일이 결국, 궁극적으로 세상에 어떤 이득을 가져다주는지, 누군가를 도움으로써 어떤 영향을 미치고 있는지 연결 지어 생각해보는 것이다. 그러면 세상에서 이뤄가고 싶은 자신의 방향성이 어렴풋이 보이게 될 것이다. 이 부분이 선명해질 때, 비전을 발견했다고도 할 수 있다.

- ☐ 지금 내가 주변 사람들에게 도움을 주고 있는 일은 무엇일까요? (일, 일상, 동료, 가족 포함)

- ☐ 작은 것부터 굵직한 것들까지 남들에게 줄 수 있는 나만의 노하우는 어떤 것들인가요?

- ☐ 배움과 경험을 통해 얻은 것으로 다른 이들의 시행착오를 줄여주는 일들은 어떤 것이 있나요?

- ☐ 당신이 현재 하고 있는 일, 하고 싶은 일이 누군가에게 어떤 영향을 미치게 될까요?

- ☐ 궁극적으로, 당신은 세상에 어떤 도움과 영향을 주면서 살고 싶나요?

당신이 좋아하고,
잘하는 것으로 돈을 벌게 된 일은 무엇인가요?

↳ What you can be paid for

앞서 설명한 대로, 자신이 잘하는 일이 있다면 누군가에게 도움을 줄 수 있다. 그것이 회사의 일일 수도, 커뮤니티를 운영하는 것일 수도, 커피를 만드는 것일 수도, 집 정리 정돈을 잘하는 것일 수도, 이웃을 상담해주고 컨설팅하는 것일 수도 있다. 이런 일들은 분명히

어차피 일할 거라면 원하는 일 할게요

'어떤 대가'를 받고 팔 수 있는 능력이 된다. 세상에 돈을 버는 루트는 무척 다양하지만, '업'으로 돈을 버는 것은 누군가의 문제를 해결해주거나, 사람들에게 유익을 주거나, 서비스와 가치를 제공할 때 가능해진다.

그러나 단순히 '대가'를 제공받고 할 수 있는 일에서 그친다면 이키가이를 찾을 순 없다.

우리가 해야 하는 것은 '좋아하고 잘하는 일'을 '돈이 되는 지점'으로 연결해보는 것이다. 잊지 말아야 할 것은 '내가 좋아하고 있는 마음'이다. 내가 좋아하고 열정이 있는 분야면서, 그 일을 잘 해낼 수 있는 실력을 키운다면, 나아가 누군가에게 도움을 줄 수 있는지 찾아낸다면, 그것은 자연스럽게 돈이 되는 일이 된다. 당장은 그렇게 보이지 않아도, 그 안에서 스스로 더 성장하기 위해 헤엄치고 있다면 당신은 이키가이 존에서 자신의 일을 함께 키울 수 있게 될 것이다.

설레는 하루는, 결과로 만들어지는 게 아니라 이 과정에서 이루어진다. 내가 좋아하는 일을 잘 해내려고 일어나는 아침이, 좋아하는 일이 누군가에게 도움이 되는 하루가, 좋아하는 일이 돈이 되는 나날들이 과연 설레지 않을 수 있을까?

그러니 잊지 말고 키워보자. 당신이 무언가를 좋아하는 마음은 그 크기와 상관 없이 위대한 일이다.

☐ 나의 어떤 능력으로 돈을 벌어본 경험을 나열해보세요.

☐ 어떤 걸 제공하고, 대가를 받을 때 가장 뿌듯했었나요?

☐ 이런 일을 하면서, 돈을 벌 수 있다면 좋을 텐데 하고 생각한 바로 그 일을 적어보세요.

☐ 도움을 줄 수 있는 대상을 찾았다면, 어떻게 그들에게 나의 능력을 제공하고 돈을 벌 수 있을지도 생각해봅시다.

이키가이를 찾는 질문 요약

✓ 당신이 어떤 일을 사랑해서 자발적으로, 스스로, 자꾸 하고 싶고, 해내고 싶은 일은 무엇인가요? (좋아하는 일)

✓ 당신이 어릴 때부터 천부적으로 재능이 있거나, 자라면서 쌓은 전문적 스킬, 잘하는 일은 무엇인가요? (잘하는 일)

✓ 당신은 남들에게 어떤 일과 유익을 제공해줄 수 있나요? 아주 사소한 것도 괜찮아요. (세상이 필요로 하는 일)

✓ 당신이 좋아하고 잘하는 것으로 대가를 받은 일은 무엇이며, 앞으로 어떤 영역에서 돈을 벌고 싶나요? (돈이 되는 일)

어차피 일할 거라면 원하는 일 할게요

이키가이를 찾았다면,
해야 하는 일들 TIP!

좋아하고, 잘하고, 세상에 도움이 되면서, 돈이 되는 자신만의 일들을 찾았는가? 그다음에 이 일을 어떻게 업으로 만들어나가야 할지 막막하다면 이 원리를 기억해보길 바란다. 앞서 2장에서 나는 갭이어를 시작하면서 포트폴리오를 뿌리고, 관련 콘텐츠를 계속 만들었다. 내가 좋아하는 일이 무엇인지, 전문적으로 얻은 경험과 지식, 기술들을 정리한 후 이를 동네방네 말하고 다닌 것이다. 미디어의 모든 창구를 통해서, 발행하는 다양한 콘텐츠에서, 만나는 모든 사람들에게 "난 지금 프리랜서고, 이런 일을 할 수 있고, 이런 걸 하고 싶어!"라고 계속 메시지를 던졌다. 자연스럽게 관련 일이 필요할 때 나에게 연락을 주는 사람들이 늘어났고, 그들의 문제를 해결해주면서(서비스와 가치를 제공하면서) 그에 대한 대가를 받았다. 그 일들이 계속 이어져 새로운 회사들로부터 오퍼 제안도 받을 수 있었고, 갭이어를 마치고 원하던 팀에 합류할 수 있었다.

그러니 이키가이를 찾았다면, 이제 세상에 외쳐보도록 하자.

"나, 이런 사람이야!"

이키가이를 찾아본 이후의 실행 방법

✓ 좋아하는 일을 찾아보고, 스스로 전문성을 쌓기 위해 노력한다.

✓ 잘하는 일, 전문적으로 얻은 경험·지식·기술을 정리한다.

✓ 좋아하고 잘하는 일이 있다는 것을 세상에 알린다.

✓ 사람들에게 필요한 가치(유익, 문제 해결, 서비스)를 제공하고 대가를 받는다.

어차피 일할 거라면 원하는 일 할게요

원하는 삶으로의
체인지메이커

퇴사 후 약속한 8개월간의 갭이어 프로젝트가 마무리되던 겨울, 이전 회사의 동료들과 이런저런 모임과 만남을 가진 후에는 꼭 이런 말을 들었다.

"앤, 좀 다른 사람이 된 거 같아요."

"사람의 소프트웨어 자체가 바뀐 것 같달까?"

"어떤 틀을 깨고 인간이 진화를 한 것 같은 느낌이야."

진화까진 거창하더라도 나 역시 어느 정도는 체감하고 있었다. 불과 8개월 전에 썼던 일기를 펼쳐볼 때면 내가 하던 생각과 고민들이 지금 얼마나 달라졌는지 한눈에 알아챌 수 있었으니까. 앞에 써둔 수많은 날갯짓들이 모여 변화를 이뤄낸 것이겠지만, 나를 바뀌게 만든 가장 큰 비결을 하나 꼽자면 존 아사라프John Assaraf의 이야기라 말할 수 있을 것이다. 존 아사라프는 미국의 성공한 기업인이자 자기계발서의 바이블인 《시크릿》의 저자 중 한 명으로, 세계 최고의 동기부여 코치로 불린다. 그는 행동신경과학을 연구하고 삶에서 적용하며, 다른 이들의 변화를 위해 지금도 여전히 활발하게 활동하고 있다.

그가 한 토크쇼에 나와 자신의 성공 비결을 이야기한 적이 있다. 중동 이민자의 아들로 태어난 그는 십대 시절 불량한 친구들과 어울리던 문제아였다. 조직에 연루되어 마약을 유통하기도 했을 정도로 자신의 미래가 암담했었다고 한다. 그러다 멘토가 알려준 딱 하나의 방법으로 인해 자신의 인생이 바뀌었다고 말했는데, 그 방법은 굉장히 간단했다. 자신이 원하는 것을 종이에 아주 자세하게 적어놓을 것. 그리고 매일 그것을 반복해서 소리내어 읽을 것. 처음엔 그도 멘토의 이야기를 가볍게 여겼지만, 그 방법은 그의 사고를, 생

어차피 일할 거라면 원하는 일 할게요

각을, 행동을 변화시키면서 결국 삶을 송두리째 바꿔 놓았다.

미신적인 느낌이 들기도 하지만, 사실 이것은 행동 신경과학 원리를 기반으로 한다. 스스로 원하는 목표를 적고, 설정하고, 그것을 반복해서 읽게 되면 자신의 목소리가 갖고 있는 파동이 자신의 세포와 신경들에 전달된다. 이 과정을 반복하면 자연스럽게 뇌의 사고와 패턴이 그 목표에 도달할 수 있도록 방법을 찾고 행동하게 된다. 과거에 '난 안될 거야'라며 자신을 한계에 가두는 사고로 동작하던 뇌가 스스로 '할 수 있다'고 믿으면서 내 안의 잠재력을 드러낼 수 있는 새로운 뇌신경 회로가 만들어진다는 것이다.

이것은 세계 1위 도시락 업체인 스노우폭스의 창업주 김승호 회장님의 '100일 목표 쓰기'와도 비슷한 방법이다. 신기하게도 나는 회사를 그만두기 1년 전에 내가 원하는 목표들을 어설프게나마 적어두는 작업을 하고 있었는데, 그 사이에 스스로 정해둔 방향 대로 행동하고 움직여 왔다는 걸 알 수 있었다. 데이터를 다루던 사람이 콘텐츠를 만들고, 팀을 이동하고, 새로운 분야를 찾고 싶은 마음이 들었다는 것 자체가 이미 큰 변화를 맞이하고 있었다는 방증이었다. 무작정 나를 찾아 떠나겠다는 용기를 낸 것도 1년 전부터 쌓아온 나에 대한 믿음에서 출발했다는 확신이 들었다.

나는 이 목표 쓰기와 읽기에 대한 작업을 나만의 방법으로 좀 더 발전시켜 보기로 했는데, 그렇게 시작한 것이 바로 〈BE노트〉다. 삶을 어우르는 아주 많은 분야들을 작게 쪼개고, 그 분야에서 내가 이루고 싶은 목표들을 나만의 'BE문장'으로 작성해보는 방법이다. 처음에는 내가 뭘 원하는지 모르기 때문에 키워드 중심으로 겨우 작성하곤 했지만, 앞에 써둔 자기발견 방법들을 꾸준히 시도하고 훈련하면서 내가 원하는 모습을 자세하고 정제된 문장으로 그려낼 수 있었다. 내가 원하는 나의 모습, 타인의 욕망이 아닌 나의 진짜 욕망을 노트에 적어보면서 계속 정리해나가는 방식으로 〈BE노트〉를 꾸준히 업데이트해보면 좋다.

다만, 여기서 필요한 전제들이 몇 가지 있다.

<BE노트> 전제

☐ 첫째, 내가 원하는 목표를 먼저 발견할 것. 앞장에 써둔 자기 발견 방법들을 활용해서 자신을 먼저 알아가야 한다. 자신의 욕망이 무엇인지, 원하는 삶이 어떤 것인지, 가고자 하는 방향이 어디인지를 스스로와 충분히 대화하고 파악하고 알아내야 한다.

☐ 둘째, 목표가 생겼다면 전념할 것. 단순한 흥미와 관심에서 더 나아가 내가 이걸 이루고자 하는 마음에 집중해보는 것이 중요하다. 앞에서 자신만의 작은 불씨를 꺼뜨리지 않고 발견하는 방법을 익혀왔다면, 이제는 장작을 더 넣어 불을 때보자. 내가 전념할 수 있을 정도로 원하고 있는지, 현재 전념할 수 있는 목표들은 무엇인지 말이다.

☐ 셋째, 이 목표들을 스스로가 분명히 이룰 수 있다고 믿을 것. 그동안 '나는 내가 원하는 걸 노트에 잘 적어온 사람인데……?'라고 생각하는 사람들에게 물어보면 바로 이 전제가 빠져있다. 겉으로는 원한다고 말하지만, 속으로는 '에이,

내가 이걸 어떻게 해'라고 생각하고 있다. 이 부정적 사고의 흐름을 끊어내고 '이걸 이제 이룰 건데, 그러려면 어떻게 해야 하지?'를 고민해야 한다.

☐ 넷째, 매일 행동할 것. 이 행동은 두 가지를 모두 포함한다. 써둔 〈BE노트〉를 꾸준히 읽을 것. 분야별로 정한 자신의 목표를 이루기 위해 당장 행동해야 할 액션 플랜을 세울 것. 그리고 매일 1시간 이상 투자해서 이 액션들을 실천해야 한다.

존 아사라프가 베스트셀러 《시크릿》의 저자이기도 하고, 겸사겸사 이미 많은 사람들에게 이 방법이 알려져 있긴 하지만 그동안 사람들이 바뀌지 않은 것은 이 전제들을 충족하지 않아서라고 생각한다. 내가 원하는 나의 모습을 모르니 목표가 제대로 써질 리 없었고, 목표를 쓴 적이 없으니 그 목표를 이루고자 행동이 나오기도 어려웠으며, 그렇기 때문에 변화하지 못했던 것이었다. 다행히도 당시 갭이어를 가지면서 수도 없이 자신에 대해 파헤치는 작업을 하고 있던 나에겐

이 방법이 매우 좋은 시너지를 가져왔다.

　퇴사 후 매일 아무도 없는 빈방으로 출근을 할 때면 많이 불안하고, 또 두려웠다. '내가 뭘 할 수 있다고 이런 무모한 짓을 벌였을까?' 하는 자괴감이 불쑥불쑥 올라왔다. 그런 막막한 상황에서도 내가 놓지 않았던 것은 나를 알아가는 것, 삶에서 원하는 목표들을 상세히 적어보는 것, 그리고 꾸준히 〈BE노트〉를 읽었던 것이다. 두 달이 지나기 시작한 시점부터 점차 부정적 알고리즘의 사고가 행동형 사고로 변하는 걸 스스로 체감했고, 이는 실행으로 이어졌으며, 연말이 됐을 땐 나는 정말 변해있었다. 물론 대단한 성공을 이룬 것은 아니지만, 이제는 선명한 방향을 보며 씩씩하게 걷고 있다. 설령 다시 길을 잃는다 해도 돌아가는 법을 알기에 두렵지 않다.

　앞서 소개한 방법들을 통해 자신에 대해 알아보았다면, 이젠 되고자 하는 모습을 그려보자. 방법은 간단하다. 노트와 펜만 준비하면 된다. 그럼, 이제 원하는 삶으로의 업데이트를 시작해볼 시간이다.

원하는 나를 만드는
BE노트 작성법

"이걸 쓰면 좋은 점이 뭐예요? 원하는 걸 써두고 바라고 염원한다고 다 이뤄지나요?"

물론 아니다. 〈BE노트〉는 마치 소원 종이처럼 '100억 로또에 당첨되게 해주세요' 같은 바람을 적는 툴킷이 아니다. 자신의 재능, 잠재력, 꿈을 직면하고 행동할 수 있는 지침서를 스스로 만들어내는 것에 가깝다. 살면서 길을 잃었을 때, 어디로 가야 할지 몰라 헤맬 때 적어도 자신이 바라는 삶은 어떤 모양인지, 자신은 어디에 가치를 두는 사람이었는지, 어떨 때 기쁘고 편안

하고 행복한지, 나는 지금 어디로 가고 싶은지, 그래서 지금 당장 어떻게 움직여야 하는지 진짜 자신의 영혼이 바라는 이상향의 모습을 기록해두는 것이다. 살면서 또 잃어버리지 않도록 말이다.

앞서 자신을 발견하고 파헤쳐볼 수 있는 툴킷들을 소개했다. 퍼스널 스토리라인, 꿈틀거리는 마음 확인하기, 라이프 동사 찾기, 셀프 워크숍, 이키가이 찾기 외에도 갤럽 강점 진단이나 직무적합성 검사 등 자기 발견 방법들은 아주 많다. 소개한 방법들이 아니더라도 〈BE노트〉를 쓰기 전에 자신에 대해 알아가는 시간은 꼭 가져보길 바란다. '되고 싶은 나의 모습'을 그리려면 나를 아는 게 먼저여야 하기 때문이다.

현재 어떤 상태인지, 어떤 갈망이 있는지, 삶에서 어떤 키워드에 꿈틀거리며 살았는지, 좋아하고 잘하는 일, 자꾸만 눈여겨보게 되는 분야는 무엇인지 전체적으로 파악해보았다면, 이제 자기만의 〈BE노트〉를 작성해볼 차례다.

〈BE노트〉는 일생 동안, 혹은 주기별로 자신이 되어 있고 싶은 상태에 대해 아주 상세하게 상상하고, 생각한 모습을 적어보는 것이다. 처음부터 가이드에 있는 문장의 형태에 맞추기보다는 키워드 형태나 짧은 단문 형태로 자유롭게 적어봐도 좋다. 주기적으로 업데이트하면서 자신만의 강력한 문장으로 만들어나가는 것이 중요하다. 이후에는 이 'BE문장'을 이루기 위한 액션 플랜을 세우고, 데일리 루틴에 적용하는 것까지 해보면 한 번의 사이클이 완성된다.

다만, 필수적으로 포함해야 하는 파트는 '자신을 향한 태도'다. 이 노트에 쓴 것을 이루기 위해 본인은 본인 스스로가 어떻다고 믿어야 하는지에 대한 생각도 꼭 적어두길 바란다. 단순한 예로 내가 바라는 나의 상태는 스마트한 인간이어야 원하는 일들을 할 수 있는데, 나 스스로 자신을 멍청한 사람이라고 생각해버리면 변화가 일어날 수 없는 것과 같다. 내가 전념할 수 있는 목표들을 쓰고, 나 스스로가 이 목표들을 이룰 만한 사람이라고 굳게 믿어주는 것이 중요하다. 이 마음이 아주 큰 차이를 만든다. 염원한다고 모든 것이 이뤄지진 않지만, 쓰지 않은 편지에 답장이 올 리는 결코 없다.

되고 싶은 자신을 위한 편지를 띄워보길 바란다.

어차피 일할 거라면 원하는 일 할게요

〈BE노트〉가이드

〈BE노트〉틀 잡기

낱장으로 뜯어 오래오래 보관할 수 있는 줄글로 된 노트를 준비한다. 들고 다니면서, 혹은 자주 들여다보면서 읽기 위해서는 보관이 용이할수록 좋다. 맨 위에는 이 노트를 작성한 날짜와 이름을 적는다. 아마 우리는 변덕을 자주 부릴 테니 작성 일자를 꼭 적어두자. 삶의 경험이 추가될수록 원하는 것도 달라지고, 환경과 상태도 달라지고, 그럴 때마다 되고 싶은 자신의 모습은 계속해서 바뀔 것이다. 나 역시 3년간 쓰고 있지만, 조금씩 변하고 있다. 다만, 자신의 생각 변화를 지속적으로 관찰하고 트래킹하는 것은 중요하다. 어떤 작은 씨앗이 내 마음의 중심으로 올라왔는지, 열렬히 사랑했던 주제가 왜 갑자기 시들해졌는지, 그게 외부의 요인인지 자신의 니즈인지를 파악하기 위해서는 꼭 이 노트를 작성한 날짜를 적어두는 게 중요하다.

작성 일자 및 이름
BE NOTE / 20___년 ___월 ___일 / 이름_____

한 줄 아래에는 자신의 삶을 어우르고 있는 요소와 분야를 키워드로 모조리 적어보자. 내가 쪼개본 주제들은 다음과 같다. 문장을 쓸 때, 고려해야 하는 삶의 전체적인 요소를 살펴보면서 키워드를 섞기도 하고, 주제를 따로 떨어뜨려 집중해서 적어도 좋다. 삶을 이루고 있는 다양한 주제들을 조합해 내가 원하는 삶의 모습들을 떠올려보자.

키워드

커리어 / 업적 / 명예 / 지위 / 부 / 자산 / 사업 / 건강 / 루틴 / 흥미 / 경험 / 교양 / 가족 / 친구 / 파트너 / 롤모델 / 관계 / 심리 상태 / 신앙 / 봉사 / 자선 / 은퇴 / 자유 / 외형 / 가치관 / 태도

앞으로 쓸 문장들의 우선순위는 일생 동안 삶 전반적으로 되어있고 싶은 나의 모습을 먼저 상상하고, 그 다음으로는 세부적으로 가까운 미래에 되어있고 싶은 모습으로 구체화해가면 좋다. 뒤섞어서 써도 되지만, 다음에 나오는 주기 표의 1번은 꼭 포함해서 문장을 작성해보는 것을 추천한다.

어차피 일할 거라면 원하는 일 할게요

그 후에는 뒷장에 나오는 주요 질문들에 자신의 문장을 작성한 후 이 문장을 이루어가기 위한 상세 액션 플랜도 적어보자. 내가 원하는 나로 살아가기 위해, 바로 지금 현재 내 일상에서 변화를 주어야 하는 행동 양식을 적고 하루 루틴에 추가하는 것이 중요하다. 다만, 반드시 아래의 필수 질문은 꼭 포함해야 한다. 어떠한 목표도, 자신이 그것을 이룰 수 있다는 믿음이 없이는 계속 이어가기 어렵다. 스스로를 어떻다고 믿고 있는지, 어떻다고 믿어야만 하는지를 적어보자.

필수 질문

스스로를 어떻다고 믿고 있으며, 노트에 써둔 모습을 이뤄가기 위해서는 스스로를 어떻다고 믿어야 할까요?

'BE문장' 작성하기

241쪽의 〈BE노트〉질문들을 보고 원하는 자신의 모습을 각 질문당 10개 이내의 단문으로 적어보자. 앞서 정리한 키워드를 참고해 커리어, 자산 등 삶을 아우르는 요소마다 원하는 삶의 모습을 디테일하게 그려보면 된다. 이 'BE문장'을 적을 때는 무엇보다 한 단어로 끝나는 것이 아닌 '_____하면서 ____하는 삶/상태/라이프'로 끝날 수 있도록 라이프 동사를 포함하여 작성해주면 더욱 좋다(191쪽 '라이프 동사 찾기' 참고). 형태는 자유이니 문장 형식에 얽매이지 말고 계속 자

'BE문장' 예시

괄호 안은 자유롭게 구성하되 '_____하면서 _____하는 삶/상태/라이프'는 되도록 포함하여 작성하는 것을 추천합니다.

- (내가 _____하고 _____한 _____으로) _____하며 _____하는 삶
- (나의 _____로) _____하며 _____하는 삶
- (_____에게) _____하며 _____하는 삶
- (_____상태가 되어) _____하며 _____하는 삶

예) 내가 기획하고 쓰고 만든 창작물로 대중과 소비자에게 선한 영향을 주는 삶

어차피 일할 거라면 원하는 일 할게요

신에게 묻고 답하며 써 내려가는 것이 중요하다.

모든 질문에 답하지 않아도 괜찮다. 원하는 질문 몇 가지를 쓰고, 앞서 자기발견 툴킷을 통해 답해왔던 자신의 이야기를 잘 떠올리면서 적어보자.

〈BE노트〉 질문

1. 궁극적으로 되어있고 싶은 자신의 모습은 어떠한가요?

2. 내가 살면서 경험하고 싶은 일, 이루고 싶은 결과는 무엇인가요?

3. 어떤 이들과 같은 라이프가 되고 싶은가요? 그들의 삶에서 닮고 싶은 부분은 무엇인가요?

4. 어떠한 건강 상태, 몸의 상태, 감정·심리적 상태를 유지하고 싶은가요?

5. 어떠한 부의 상태와 결과를 가지고 싶은가요? (돈을 버는 수단부터 사용하는 지점까지)

6. 끝내 내가 몰입해서 얻고 싶은 커리어, 업, 전문성, 사회적 지위, 명예는 어떠한 것들인가요?

7. 위 질문을 통해 앞으로 해나가고 싶은 경험, 타이틀, 키워드를 나열해보세요.

8. 이루고 싶은 가족, 공동체, 관계, 네트워크의 경험은 무엇인가요?

9. 이 모든 것을 이루기 위해 내가 믿어야 하는 나의 모습과 능력은 어떠한가요?

기타: 위에 써둔 것들을 나는 왜 이루고 싶은가요?

작성하는 데 꽤 많은 성찰의 시간과 에너지가 들어갈 것이다. 하지만 너무 많은 고민보다는 한 페이지를 완성해보는 데 중점을 두고 이후에 계속 업데이트해가도록 하자. 작성 이후 중요한 것은 여기 써둔 목표를 위해 내가 하루에 몇 분 이상 투자할 것인지 계획하며, 이를 이루기 위해 실제로 행동을 시작하는 것이다. 목표를 향해 하루에 적은 시간이라도 투자하고 행동을 반복하다 보면, 분명 결과는 많이 달라져 있을 것이다.

지식을 습득하고 공부를 하는 것, 새로운 모임에 나가는 것, 새로운 사업 아이템을 준비해보는 것, 새로운 회사로 가기 위해 이직 준비를 하는 것, 생각나는 사람에게 편지를 쓰는 것, 아침에 20분씩 운동하고 영양제를 챙겨 먹는 것 등 무엇이라도 좋다. 아주 작고 사소한 움직임을 바로 시작해보자. 그 문장에 써진 나를 진짜로 만들어가기 위해서 내가 어떻게 행동해야 하는지를 세세하게 쪼개어 적어보면 된다.

지금 자신이 써둔 문장을 다시 한번 읽어보자. 거기에 적힌 사람이 되어가려면 오늘 나는 어떤 행동을 해

야 할까? 내가 배워야 하는 것, 내가 믿어야 하는 것,
행동해야 하는 것들을 최대한 작게, 낮은 허들로 적어
보자. 그리고 정말로 시작해보는 것이다.

액션 플랜

자신이 쓴 문장의 주요 주제들을 키워드로 적은 후, 하루에 어떤 액
션을 취할 것인지 루틴을 정해주세요.

주제 1. 커리어·사업: 자신이 쓴 문장을 적어주세요.

이를 이루기 위해 현재 하는 일에서 어떤 변화를 줄 것인지 적어주세요.

예) 자기계발, 스터디, 사이드 프로젝트, 새로운 시스템 도입, 네트워크
확장 등

주제2. 건강·심리: 자신이 쓴 문장을 적어주세요.

이를 이루기 위해 현재 하는 일에서 어떤 변화를 줄 것인지 적어주세요.

예) 운동, 치료, 음식, 데일리 루틴 등

주제 3. 부·자산: 자신이 쓴 문장을 적어주세요.

이를 이루기 위해 현재 하는 일에서 어떤 변화를 줄 것인지 적어주세요.

예) 스터디, 투자·재테크, 수입·부수입, 지출 등

그 외 주제들: 가족, 네트워크, 신앙, 봉사 등

내 책상 옆에는 항상 올해 초에 작성한 〈BE노트〉가 붙어있다. 자리에 앉을 때, 업무를 하다가 쉴 때, 의자를 빙그르 돌려서 멍때릴 때도 언제든 〈BE노트〉가 내 눈에 띌 수 있도록 비치해둔 것이다. 우리는 한 번에 변화할 수 없다. 수많은 자기계발서와 유튜브 영상을 보아도 똑같은 내일이 반복되는 것은 그런 이유일 것이다. 우리는 오로지 반복을 통해서만 사고와 행동 패턴을 바꿀 수 있다. 그리고 행동을 통해서 습관을 만들고 지금과 다른 삶을 쟁취할 수 있다. 부디, 우리가 원하는 자신을 만날 수 있도록 본인이 쓴 〈BE노트〉를 꾸준히 읽어주면 좋겠다. 그리고 작은 루틴이라도 매일 행동해주길 바란다.

자기확신과 자기객관화는 같이 가져가야 한다. 이 노트의 핵심 가치가 자신을 믿는 행위에서 출발했기 때문에, 아마도 앞으로 자기확신을 하게 되는 경험을 많이 할 것이다. 하지만 실제 행동을 할 때는 현재 자신의 상태를 정확히 인지하고, 단계에 맞는 액션 플랜을 구성하면서 나아가야 한다. 이 세상 어떤 결과도 단계적 성장 없이 과정을 뛰어넘어 달성할 수 있는 것은 없다. 내가 정한 저 목표에 도달하기 위해서 현재 내가 어느 단계 있는지, 어떤 점이 부족한지, 무엇을 보완해야 하는지를 파악한 후 액션 플랜을 짜보길 바란다.

3년간 〈BE노트〉를 업데이트해오면서 달성률을 들여다보았다. 어떤 것은 해냈고, 어떤 것은 지금도 계속 진행하는 중이지만, 이루지 않은 채 지운 것들도 있다. 이럴 때 '실패했다'는 생각보다는 내게 맞는 방향으로 수정을 하고 있다고 생각해주면 좋겠다. 세상은 빠르게 변한다. 우리가 추구하는 가치도, 환경과 시기에 따라 우선순위가 달라질 수 있다. 스스로 행동하지 않으면서 갈망했던 목표들은 어쩌면 타인의 목표였을 수도, 이제는 원하지 않는 목표일 수 있다. 그러니 끊임없이 자신에게 초점을 맞추고 더 원하는 라이프를 적극적으로 찾아나서 보자.

있는 그대로의 자신을 마주하면서, 이 길이 맞는지 물어가면서, 나와 손잡고 즐겁게 앞으로 걸어가길 바란다.

다시 할 일을 하러
나서는 길

갭이어 프로젝트가 종료됐다. 4월에 회사를 나와 자발적 방황기를 시작할 때 나는 이 프로젝트의 종료 기한을 12월 말로 설정해뒀었다. 언제까지나 '고민'은 내가 정한 시간 안에서 해야 후회가 없다는 원칙이 있었다. 고민이 길어질수록 결정은 더 어려워지는 법이다. 다음으로 넘어가기 위해서는 고민의 답에 마침표를 찍고, 그 결과를 선택하고, 행동해야 한다. 그래야만 또 다른 삶의 어젠다를 얻으며 나아갈 수 있다.

프리랜서로 이미 전보다 더 나은 삶을 살고 있는데, 굳이 또 새로운 선택을 해야 하냐는 질문을 많이 받았다. 그때마다 "내가 가고 싶은 방향에 필요한 선택을 할 뿐이야"라고 대답했다. 가고자 하는 곳을 알고 있다면, 가는 수단이 창업이든, 회사에 합류하는 것이든, 프리랜서로 사는 것이든 방법은 다양할 것이다. 지금 내 선택이, 내가 하는 이 행동이, 내가 원하고 좋아서 하는 일이라면 그 어떤 것도 좋다.

8개월간 나를 탐구하고, 원하던 일을 시도해보고, 새로운 환경과 사람들 사이에 나를 내던져보면서 스스로 지향하는 삶의 방향이 어디인지는 어렴풋이 찾게 됐다. 고통의 강도에 비해, 내가 적은 문장들은 그리 대단한 것은 아니었다. 하지만 이렇게 살기 위해서 지금 내가 무엇을 해야 하는지는 명확히 알 수 있었다. 내게 어떤 것들이 더 필요한지, 어떤 경험들을 더 쌓고 커리어를 만들어가야 하는지, 그러려면 지금 어디로 가야 하는지까지. 나의 〈BE노트〉 문장들의 일부를 공개해본다.

☐ 내가 쓰고, 말하고, 창작한 콘텐츠들로 다양한 이들과 연결
되고 연대하며 사는 삶

☐ 뉴미디어를 통해 퍼스널 / 브랜드 / 소비자 / 대중 모두에게
즐거움을 주는 작품을 꾸준히 만드는 삶

☐ 경험한 것들을 기록하고, 공유하고, 나누며 필요한 이에게
기꺼이 도움이 되는 삶

☐ 건강하고 밝은 에너지와 평온한 마음을 유지하며 사랑의 관
계들이 더 깊어지는 삶

☐ 크리에이터와 워커로 양립하는 이들을 위한 브랜드 엔터테
인먼트를 꾸려갈 것

☐ 가족, 이웃, 동료, 동물 나아가 사회에 선한 영향력과 창조성
을 부여하며 살아갈 것

☐ 3년 이내 만들고 싶은 서비스 / 콘텐츠 / 공간 / 리빙 브랜드
를 꾸준히 디깅하고 디벨롭할 것

☐ 지금 써둔 많은 목표들로부터 자유롭고 유연할 것. 과정을
음미하며 설레는 하루를 만들어갈 것

– 2022년 1월

앤가은의 〈BE노트〉중

감사하게도 이 방향에 잘 맞는 조직을 만났고, 다시 재밌게 동료들과 함께 뛰며 일하는 중이다. 이후에 또 어떤 얘기들이 내 인생에 펼쳐질지 나도 궁금하다. 중요한 건 내 하루가 진심으로 궁금하고 설레는 삶으로 바뀌었다는 것. 행여 중간에 또다시 다른 길로 튼다고 해도, 이 선택이 맞지 않았다고 느껴지더라도 뭐 어떤가. 여기서 끝이 아니니 노선을 수정해서 가면 그뿐이다. 그저 한 걸음씩 진정으로 내가 원하는 삶의 모양으로 가기 위해 오늘도 걸어가고 있다면 그걸로 충분하다.

철학자 에픽테토스Epictetus의 명언 중 이런 문장이 있다. "우선 무엇이 되고자 하는지 자신에게 말하라. 그러고 나서 할 일을 해라." 자신이 무엇을 원하는지 알았다면, 자신에게 얘기해주어야 한다. 그리고 그 이후엔 할 일을 하러 가야 한다는 뜻이다. 나에게로 초점을 맞춰 달려왔던 8개월의 갭이어를 끝내고, 나는 다시 내 할 일을 하러 나서는 길이다. 이렇게 나의 첫 번째 갭이어는 막을 내리지만, 언젠가 내가 다시 흔들리고 나를 찾아내고 싶을 때면 언제든 이 시기의 기록들을 들춰보면서 나와 대화할 수 있을 것이라 확신한다.

책을 읽으며 자신의 방향을 그리게 된 독자분들께 마지막으로 드리고 싶은 얘기다. 스스로 무엇이 되고자 하는지 찾았고 이를 내게 말했다면, 이제 할 일을 하러 나아갈 차례다. 되어가고 싶은 내가 되어가도록, 새로운 여정으로 나를 성큼 데려가 보자. 설령 플랜이 완벽하지 않더라도 전보다 설레는 아침을 기대하면서, 스스로를 믿고 다시 걸어가 보자.

행여 중간에 또다시 다른 길로 튼다고 해도,
이 선택이 맞지 않았다고 느껴지더라도 뭐 어떤가.
여기서 끝이 아니니 노선을 수정해서 가면 그뿐이다.
그저 한 걸음씩 진정으로 내가 원하는
삶의 모양으로 가기 위해 오늘도 걸어가고 있다면
그걸로 충분하다.

epilogue

"이제는 흔들리지 않고 지내?"

뜨거운 갭이어의 시간을 가진 후 2년이 지났다. 갭이어 때의 나는 끊임없이 무너졌고, 또다시 희망하기를 반복했다. 무엇이 되고 싶은지, 어떻게 살고 싶은지, 대답도 없는 나를 두드리고, 재촉하고, 들들 볶아가며 답답한 새벽녘을 수도 없이 지냈다. 그때 나는 가장 많은 글을 썼고, 가장 많은 질문을 했으며, 사회인이 된 이후 가장 많이 울고 웃었다. 나를 향해 달리

어차피 일할 거라면 원하는 일 할게요

기를 시작한 지 8개월이 되던 겨울, 나는 비로소 다시 세상을 향해 걸어갈 용기가 생겼다. 인생에서 나 자신과 그렇게 많은 대화를 나눈 적이 처음이었고, 나와 친해진 뒤로는 가고자 하는 방향이 보이니 숨통이 트였다. 신이 났다. 더 이상 헤매지 않고 무엇이든 할 수 있을 것 같은 에너지로 다시 일과 삶을 향한 질주를 시작했다.

새로운 업계로 들어가 방송 스튜디오와 회사를 넘나들며, 수많은 크리에이터들과 어우러져 원하는 일을 하고 있는 모든 순간이 감사했다. 하지만 2년이 지나 이 책의 에필로그를 쓰고 있는 지금, 나는 또 잠시 멈춰있다. 나의 방향도, 가슴 설레게 만드는 일도, 가는 방법도 찾았는데, 열심히 달리고 있는 와중에 또 내 안의 내가 제동을 걸었다. '아니 이번엔 또 왜?'라고 묻기도 전에 나는 그 이유를 알 수 있었다. 일상이 일로만 가득 채워져 자신을 돌보지 않고 있는 나에게 내가 항의를 하고 있었다. 전속력으로 달리면 누구나 숨이 차기 마련이라는 걸 자꾸 잊어버린다.

이 책은 방향이 없어 헤매고 있는 많은 이들을 위해 자신을 발견할 수 있는 다양한 방법과 레퍼런스를 담고 있다. 스스로 '무엇이 되어야 한다'라는 강박을 가진 사람들에게, 자신이 뭘 원하고 있는지, 어떻게 살아가고 싶은지를 묻고 끝내 자신이 되어가도록 도움을 주고 싶어 이 책을 썼다. 방향을 찾았다면 어떻게 가는지는 본인의 선택이다. 하지만, 하나 당부하고 싶은 말은 '결과'가 아닌 '과정'을 음미하며 나아가라는 것이다. 조급해할 필요 없다. 어차피 레이스는 길다. 내가 걸어가는 길에 놓인 많은 꽃들을, 아름다운 풍경들을, 삶에서 누릴 수 있는 향기들을 그 자리에 서서 맡아보고, 현재의 순간을 만끽하며 걸어가길 바란다.

흔들리지 않냐는 질문에 나는 여전히 흔들릴 때가 있다고 답한다. 삶의 다양한 에피소드를 맞이할 때마다 계속해서 원하는 삶의 모습과 철학과 기준이 바뀔 테니까. 보다 견고해지기도 하고 때로는 조금 다른 방향을 선택할 수도 있을 것이다. 그러니 '흔들리는 것'에 대해 두려워할 필요는 없다. 다시금 엎어지거나, 길

어차피 일할 거라면 원하는 일 할게요

을 잃었을 때 자신에게로 돌아가는 방법을 이제는 알고 있으니까. 어차피 평생에 걸쳐 어딘가로 가야 하는 일생이라면, 천천히 걸어가도 좋다. 보다 자유롭게, 다양한 나의 세상을 누비면서, 그곳이 어디든 자신이 원하고 선택한 길 위에 당당하게 두 발 붙이고 있길 바라며. 자신을 향해, 세상을 향해 씩씩하게 걸어가고 있길 바라며.

내 삶과 일의 방향을 확립해나가는 자기발견 갭이어 프로젝트

어차피 일할 거라면 원하는 일 할게요

초판 1쇄 발행 2024년 1월 11일

지은이 앤가은
펴낸이 성의현
펴낸곳 (주)미래의창

편집주간 김성옥
책임편집 안대근
디자인 강혜민
홍보 및 마케팅 연상희 · 이보경 · 정해준 · 김제인

출판 신고 2019년 10월 28일 제2019-000291호
주소 서울시 마포구 잔다리로 62-1 미래의창빌딩(서교동 376-15, 5층)
전화 070-8693-1719 팩스 0507-0301-1585
홈페이지 www.miraebook.co.kr
ISBN 979-11-93638-02-6 (03190)

※ 책값은 뒤표지에 표기되어 있습니다.